明日からできる
速効マンガ
1年生の学級づくり

近藤佳織 著　石山さやか マンガ

日本標準

『明日からできる速効マンガ　学級づくり』シリーズ発刊に寄せて

若手教師のみなさん！　教職を楽しむための「装備」をもとう！

これが『明日からできる速効マンガ 学級づくり』シリーズのコンセプトです。

今、教育界は大きな転換期に直面しています。いうまでもなく新旧交代の時期です。ここ数年で教育現場はぐっと若返りました。若い教師にはベテラン教師にはない魅力があります。それは「若さ」です。あまり世代も変わらぬ若い「お兄さん、お姉さん」先生がすぐそこにいてくれるだけで子どもたちは大喜びです。出会いの瞬間に子どもたちを惹《ひ》きつけられる、それが若手教師の1つの「装備」といえるでしょう。

しかし、教育現場は「若さ」という1つの「装備」だけで乗り越えていけるほど甘くはありません。「若さ」という「装備」が効力を発揮するのは、極めて短い間なのだと考えてください。

たとえば新任の教師には次のような「運命」が待ち受けています。

教師教育を終えて現場に赴く。赴任のあいさつから続く怒濤《どとう》の新年度業務の連続に忙殺されるなかでの子どもたちとの出会い。何をしてよいかわからぬままに、あれよあれよと時間だけが過ぎ去っていく。はじめこそ「若さ」に惹きつけられて寄ってきてくれた子どもたち。

「なんとかやれるかも？」

そんな淡い期待は長くは続かない。気がつくと始まっていた授業や学級経営。見通しがつかず、どう対応してよいかわからぬ日々……。

ただ懸命に一日一日を乗り切るだけ。そうして学級も荒れ始め、あれだけ夢見た教育現場に行くのがつらくなっていく……。初任者なら必ず通る道でしょう。教師になって早くも立たされる岐路といってよいでしょう。さて、その岐路に臨んでの選択肢は3つしかありません。

その１　耐え忍んでやり過ごす。
その２　教職を辞する。
その３　打開策を求めて学ぶ。

これら３つ以外にはありません。

この本を読まれている方はきっと３つめの選択肢を選ばれた方でしょう。

そう！　もし将来、せっかく選んだ教師という職業を楽しみながら続けたいと思うのなら、「打開策を求めて学ぶ」しか方法はないのです。

もしかしたら、読者のみなさんのなかには「かつての恩師の姿に憧れて教師になった」という方もおられるでしょう。でも、そのすばらしい恩師はきっと例外なく、あなたと同じ若き苦悩の時代を過ごし、「打開策を求めて学ぶ」ことをされてきた方なのです。おいしい料理を食べる客には厨房《ちゅうぼう》での料理人たちの「戦い」が見えぬ、わからぬのと同様に。

では、学級経営を行うのに必要な「装備」には、まず、何が大切なのでしょうか？

それは「哲学」と「上達論」です。

「哲学」とは「目の前の子どもたちをどのように育てたいのか？」という思想です。これがないと行き当たりばったりの指導に終始し、結果「ブレた」指導を行ってしまい、子どもたちを混乱させてしまいます。その度重なる混乱はやがて子どもたちの「反旗」となって教師に向かってくることになります。いわゆる「学級崩壊」です。

「上達論」とは「子どもの成長に応じて指導法をレベルアップさせていく」という考え方です。新学期の４月と翌年の３月とで子どもたちの姿は同じであるはずがありません。学校が子どもの力を伸ばすことを前提とするならば、１年後の子どもたちに対する指導は大きく変わっているはずです。ところが、この「上達論」をもたないといつまでも子どもたちの力は伸びないばかりか、日々、下降線をたどることになります。

さあ、なんとか１ミリメートル前進すべくがんばりましょう！

とはいえ「打開策」とは小難しい教育書や論文を読むことからしか始まらないの？とすればちょっと腰が重いなあ……。そう思われる方々はきっと多いことでしょう。ベンチプレスもいきなり100キロは無理です。まずは10キロからスタートすべきです。

そこで若手の先生方！　まずは本書を読むことから始めてください。

この本では、まずマンガで「現場で起こることが予想されるシーン」をいくつか紹介しています。

まずは、この本のマンガを読んで、現状に思い当たるシーンを選んでください。次に、そのシーンにおいて、「哲学」と「上達論」に支えられた指導をどう行うべきかの文章説明をお読みください。

つまり、忙しいときには、まずは、マンガで「欲しいシーン」を選んでフォーカスしたうえで、改めて時間のあるときにくわしく説明を読み、対策を立てることが可能になるのです。

この構成は従来の文字ばかりの教育書には見られない画期的なスタイルだといえます。

文字は記号であり、読者はその記号と自分の体験を結びつけて再構成するという手間を必要とします。時間があるときに、じっくり文字ばかりの本を読むのはそれなりに大切なことです。

でも、教師は忙しいです。特に、若手の先生方には余裕はないはずです。そこで、

・朝、出勤前に歯磨きしながら片手で読める教育書
・家に戻ったら必要な箇所を読んで手軽に「自己研修」できる教育書
・気がついたら学級経営に必要な「装備」が身につく教育書

以上3点を意識して、この本を完成させました。これなら毎日仕事をしながら少しずつ教師としての「装備」を増やし、その結果、力量を高めていけます。そうすれば、きっと「もっと知りたい」と思うことが出てきます。そのくらいのモチベーションをもてるようになれば、文字ばかりの教育書の内容もすっと頭の中に入ってくるでしょう。

本書が「打開策」を求めて第一歩を踏み出そうとする先生のお役に立てれば幸いです。

土作　彰

はじめに

まずは1年間、子どもの前に立ち続けよう

みなさんは、学級担任を楽しんでいますか。それともちょっと苦戦しているところですか。

私が採用された2000年は、採用数が少ないこともあり、かなり勉強したものの採用試験に合格できませんでした。講師を経て、ようやく採用されたときは本当にうれしく、これでやっと学級担任をすることができるとワクワクしたものでした。

小学校の教員は、採用と同時にひとつの学級をほぼすべて任されます。

念願の小学校教員としてスタートしたものの、どんな子どもを育てたいのか、学級づくりで大事なことは何かを考える時間もなく、具体的な手だても知らないまま、担任になりました。

学年主任に聞いたり、書籍を参考にしたりしながら、とにかく1日1日を乗り切ることに必死でした。楽しいと思うより、いつも何かに追われ、苦しいと思うことが多い日々……。楽しむ余裕はなかなかもてませんでした。

採用されて数年後、学級づくりに苦戦したまま3月を迎えたことがあります。うまくいかなくなった時期を同僚の助けを借りながら、なんとか乗り切りました。

何ができたのだろうかと悔いの残る年でした。それでも、苦しかった1年間をなんとか最後まで担任し続けました。

何をどうすればよかったのかを自分で省察することができませんでした。

学級づくりには原則がある

今ならわかります。私は子どもとの信頼関係を十分に築く前に、指導すべきことを自分に合わせ、急いでしまったのです。

まずは、「この先生が言うのなら」と思ってもらえること。そのために自分のキャラクターに合わせ、学級の子どもたちとの関係づくりに、全力を注ぐことからスタートします。

悔いの残る年から数年後、学級づくりには原則があるということを学ぶ機会に恵まれました。これまで実践してきたことを少し離れ

たところから考え直し、自分の軸にしたい考え方にも出会うことができました。

　学級担任は子どもとの信頼関係のなかで必要なことをしっかり教え、やがて担任がいなくても子どもたちが自分たちで考えて行動できる集団と個を育てることが大きな責務です。

自分の軸をもち、育てたい子どもに向けて

　みなさんは、担任している子どもたちがどんな子どもに育ってほしいと考えていますか。

　私は、受け持った子に「自分のことが好き」「もっとやりたいと思える」ようになってほしいと考えています。

　自分の育てたい子ども像をもち、そこに向け、１学期はていねいに教え、２学期、３学期は少しずつ子どもに任せる部分を増やし、子どもを育てていきます。

　最初は、子どもとの信頼関係をつくることに全力を注ぎます。ルールのなかで安心でき、信頼関係ができてきたら子ども同士の関係を築いていきます。やがて、担任や年度が変わっても自分たちで考えて行動できる子どもを育てたいと思い、１年間を過ごしています。

　自分で行動しようと思う、やる気をもつ根底には「自分自身を信じること」「やる気を引き出す人の存在」が必要です。

　これまで、子どものやる気に満ちた表情と成長の瞬間にたくさん出会ってきました。しかし、なかにはなかなか自信がもてない子、一歩を踏み出せない子も少なくありません。

　そんな子どもたちを勇気づけ、自信をもたせ、やる気を引き出したい、互いに「勇気づけ」し合う関係に育てることで集団としても、個としても伸びてほしい……。そんな願いから、学級に勇気づけを取り入れています。

　本書は、学級づくりの軸に「勇気づけ」をすえ、子どもや保護者を勇気づけながら１年間を進めていく具体的な実践を紹介しています。

　本書を参考にみなさんが目の前の子どもの実態に応じて、さまざまな取り組みを続けることで、育てたい子ども像に向かって子どもたちが伸びていきますように。

　少しでもみなさんのお役に立てば、こんなにうれしいことはありません。

２０１７年２月

近藤佳織

目次

主な登場人物紹介

かおり先生

教師2年め。子どもは好きだが、初めての1年生担任に少し自信がない。昨年、4年生を担任していたが、あまりうまくいっていなかった様子。時々、弱気になる。ごろう先生から「勇気づけ」の学級づくりを教わり、自分も自信をつけていく。

ごろう先生

1年生の学年主任。今年、異動してきたばかり。ちょっととぼけた感じだが、いざというときは頼りになる。よく笑い、子どもたちとも遊ぶ人気の先生。教室の掲示物の作成が得意。「勇気づけ」の学級づくりをしている。

1年生の学級づくりのポイント

勇気づけで
自分が好き！ もっとやりたい！ 子を育てる

学校生活のスタートであるこの1年で、学校や社会、人間に対する信頼、肯定的な気持ちをもてるようにします。人が力を発揮するためには、安心とある程度の自信が必要です。そのうえで、意欲がもてるものです。

教室を安心の場にするため、まずは、教師自身が子どもにとって安心できる存在になることです。

学校でのお母さん・お父さん的存在と言える1年生の担任は、大きな存在です。担任の見方やあり方が大きな影響を及ぼすでしょう。常に子どもを勇気づける存在でいたいものです。

この章では、教室で生かせる勇気づけについての基本的な考え方を紹介します。勇気づけを軸に子どもの行動をどうとらえ、どんな言葉をかけていきますか。

勇気づけの学級づくり

担任が子どもに与える影響は大きいです。1年生ならなおさらです。わかりやすく愛情を示し続け、まずは教室を安心感で満たすことに全力を尽くしましょう。

どんな子どもに育ってほしいか

みなさんは、目の前の子どもがどのように育ってほしいと考えていますか。受け持った子にどんな人生を送ってほしいですか。幸せになってほしいと願わない教師はいないでしょう。

まず、受け持つ子どもたちをこの1年間でどんな子どもに育てたいかを明確にします。それが明確になれば、そこに向かってどのような手だてをとるかを考えたり、方法を選択したりする指針ができるからです。

学校は、社会で生きていくために必要な力を育てる場所です。社会では、さまざまな力が必要ですが、そのなかでも自分で考えて行動する力が必須です。

自分で考えて行動するために必要なことは何でしょうか。

私は、学校や自分を肯定し、意欲をもつことだと考えています。つまり、

「学校や自分が好き」と思える子
「もっとやりたい」と思える子

を育てることです。

これが私の育てたい子ども像です。

学校生活のスタートである1年生には、「学校が楽しい」「先生が好き」「友だちが好き」「学校が好き」という学校や人に対する信頼、肯定的な気持ちをもてるように育てたいのです。

人間は、対象になるものやことを好きになることで、やる気が出て、新しいことに挑戦しよう、がんばろうという意欲をもち、実行できるものです。

小学校は、1年生が出会う、最初の「社会」です。学校を好きになること=人や社会への信頼感をもてるといえるのではないでしょうか。

そして、「もっとやりたい」と思える意欲を育てることです。

幼稚園・保育園とは違う世界へ飛び込んだ4月から、3月には、「いろいろなことができるようになったな」と自分自身を肯定し、「もっといろんなことをしたいな」という次への思いをもつ子。

それを支えるのが「自分が好き」という自分自身を肯定する気持ちです。

1年間かけて「好き」「もっとしたい」を育てることが1年担任の仕事のひとつと考えます。

育てたい子ども像をめざして

「自分が好き」「もっとやりたい」という自己肯定感と意欲を育てるためには、どんなことが必要でしょうか。

私は、人が力を発揮するためには、安心とある程度の自信が必要だと考えています。

教室を力を伸ばすための安心できる場にするため、まずは、教師自身が子どもにとって安心できる存在になることが必要です。

とくに1年生は、自分以外の他者がまずは「先生」であるという気持ちが強いです。

朝から下校するまでのほとんどを一緒に過ごす先生の存在はとても大きいものです。

多くの子が担任の言うことを疑いもせず、「先生が言ったから」とやろうとします。影響力が大きく、ある意味絶対的な存在です。

1年生の担任は、いつも明るく笑顔でいること、子どもに温かい声をかけ続ける教師でいることを心がけます。

また、子どものそばにいること、子どもを応援する味方でいることです。

そのために、私は子どもを勇気づけることを強く意識し、実践しています。

教室に勇気づけを

「勇気づけ」という言葉を聞いたことがありますか。

「勇気づけ」について岩井俊憲氏は「困難を克服する活力を与えること」、赤坂真二氏は、「努力したり人と協力したりして適切な方法で課題を解

決する気力を与えていく営み」と述べています。私は、「子どもの意欲を引き出す働きかけ」と考えています。

新しいことや難しい課題に取り組もうとするとき、そこに立ち向かえるかどうかは、勇気というエネルギーがあるかないかに影響されます。

人が成長するために必要なエネルギーを蓄えるひとつの手段として、「勇気づけ」があります。

必要なエネルギーを一定量、心の中にためることができた子が、「学校が好き」「自分が好き」「もっとやりたい」と思え、学校生活に積極的に取り組む子になるのです。

1年生は、担任からの「大丈夫だよ」「できるよ」「がんばって」といった応援や励ましを出発に、やがては友だちからの応援で勇気づき、それを意欲へと変えていきます。

子どもを元気づけ、活動への意欲を引き出すために、子どもの言動を肯定的に価値づけ、伝えること。それが担任として子どもを勇気づけるということです。

「勇気づけ」にどんなことをしたらよいのでしょうか。具体的な行為で考えてみましょう。

朝、教室で子どもを笑顔で迎える、あいさつを交わす、体調を気づかう、名前を呼んで話す、感謝の気持ちを伝える、進歩を指摘する、おしゃべりをして楽しむ、その子の興味や関心を知ろうとする、話を肯定的に聴く、やろうとしたことを認める、がんばりを認める、疲れていれば、ねぎらう、笑う、励ますなど。

ほかにもたくさんあると思います。「あたりま

うん、いいね！
「自分で考えることのできる子」
ぼくもそういう子たちになってほしいよ！
で、そういう子はきっと「自分のこと」「自分のいる場所」が好きな子だと思うんだ
だからぼくは子どもたちに「自分のこと、学校を肯定できる子」になってほしいと思っている！
……
先生の言っていることはわかるけれど……
自分のことも満足に肯定できていない人間(わたし)に自分を肯定できる子が育てられるだろうか？

えのことだ」と思われたのではないでしょうか。

「勇気づけ」は、決して特別なことではありません。あたりまえに思えることでも子どもの意欲を引き出すことを意識すると、子どもへの接し方、かける言葉かけが変わってきます。

勇気づけは、ほめない？　叱らない？

子どもを勇気づけるというと、「叱ってはだめということですね」と思われた方もいるかもしれません。

勇気づけることは、まったく叱らないということではありません。命にかかわることなどダメなものはダメと叱ることも当然あります。

その際、子どもの存在そのものを否定するのではなく、今の行動がいけないのだとその点だけを指摘し、叱ります。

必要なときはきちんと叱ると同時に、感謝を伝える、がんばりをともに喜ぶなど、感情を子どもと共有します。

そして、それをわかりやすく伝えてくれる人こそ、子どもにとっては、安心できる存在になっていきます。

そのためには、一人ひとりの子どもをよく見て適切なフィードバックをすることが必要です。

1年生は、担任に認められたい、ほめられたいという思いで行動する子もいます。

たとえば、先生にほめてもらいたくて、先生が見ているところで見えるようにごみを拾うような行動があったとします。

子どもは本来、よい行動をしたい、よくなりた

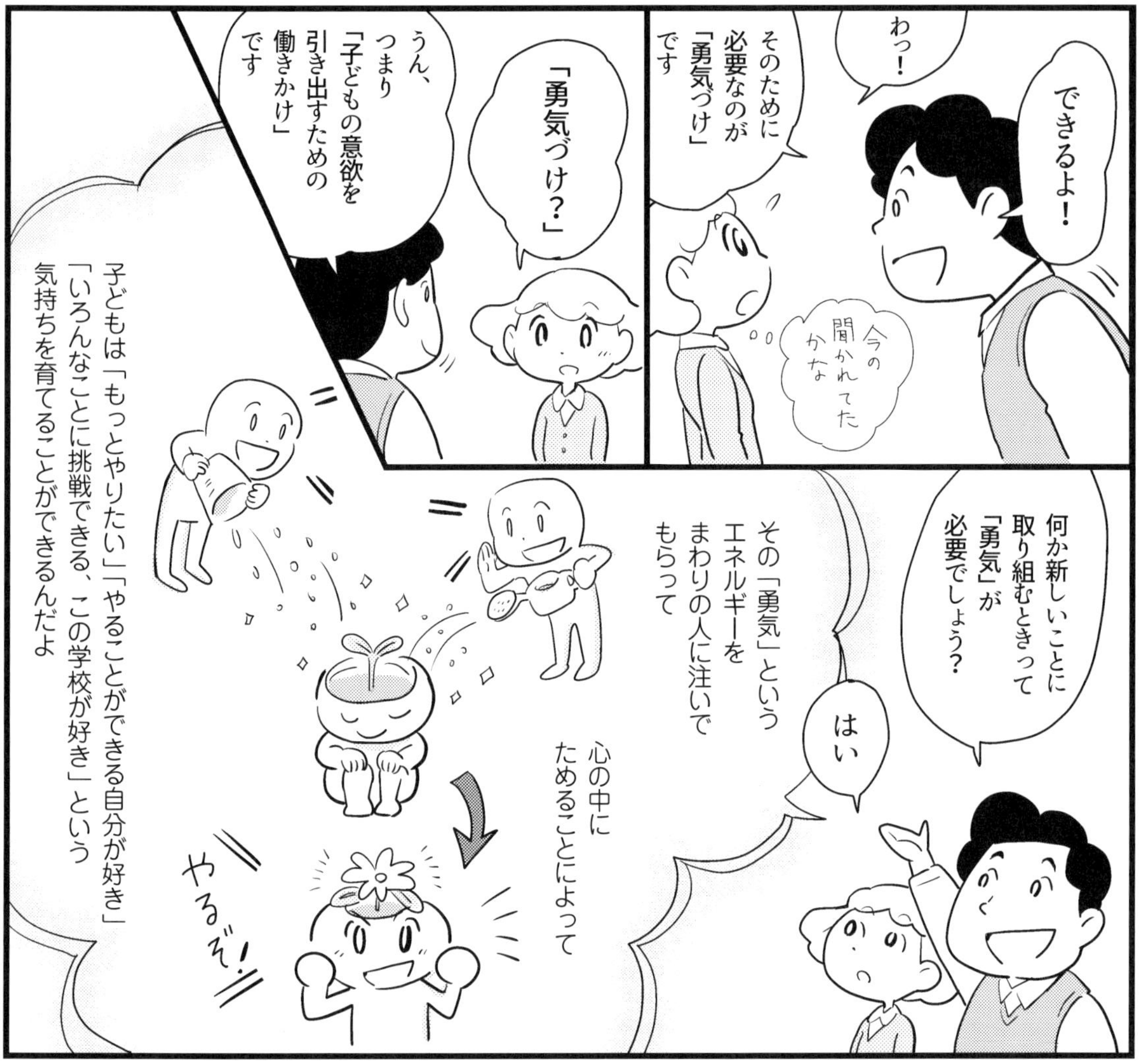

いと思う気持ちをもっているものですし、先生に認められたい気持ちから行動することもあるでしょう。

このようなとき、どんな言葉をかけますか。「○○くん、えらい！」でしょうか。

勇気づけるときは、「○○さん、みんなのためにありがとう」や「おかげできれいな教室になるね。うれしいな」と教師の感情を伝えるとよいです。

「えらい」「すごい」とほめると、ほめられるためにごみを拾う行動につながりやすくなります。行動を認め、成長したいという気持ちや建設的な行動を増やすこと、それをできるのが担任なのです。

小学校生活の最初は、「すごいね」「えらかったね」とほめることからスタートしてもよいと考えます。「ほめられるとうれしいな。また、がんばろう」と思えるのなら、がんばりを認めて、子どものエネルギーにしていきましょう。

そして徐々に、結果に注目するだけでなく、過程を認める、失敗したときも寄り添い励ます。できるようになってうれしい気持ちに寄り添います。「ほめてくれた」から「喜んでくれた」へと転化していきましょう。

保護者へも勇気づけを

1年生は、保護者にも安心していただくことがどの学年よりも大切です。保護者は、子どもが毎日楽しそうに学校へ通ってくれることで安心します。

入学当初は、「幼稚園とは違う」「お母さんと離れたくない」「こわい」など、さまざまな理由で登校時に泣いたり、登校を渋ったりする子もいます。

そんなとき、保護者の思いをていねいに聴きながら、子どもはもちろん、保護者を勇気づけるような連絡をします。

初めて、わが子を小学校へ通わせる第一子のお子さんの保護者は、小学校がどんな場所なのかという不安、幼稚園や保育園との違いにとまどうようです。

ですから、「ご不明な点はいつでもお問い合わせください」と日頃から伝えましょう。そして、問い合わせの返事は、誠実にていねいに対応します。小さなことでも連絡をしておきましょう。

学校側にとっては、「それくらい」と思うことでも、保護者の心配を受け止め寄り添い、安心していただける対応こそが勇気づけです。

1年生の保護者への連絡は、ていねいすぎるくらいがちょうどよいのです。迷ったら連絡すると考えておきましょう。

勇気づけのリーダーシップ

これまでのことをまとめると、次の3つになります。

①当たり前のことへの感謝・あるものさがし

子どもへの勇気づけは、決して特別な見方や言

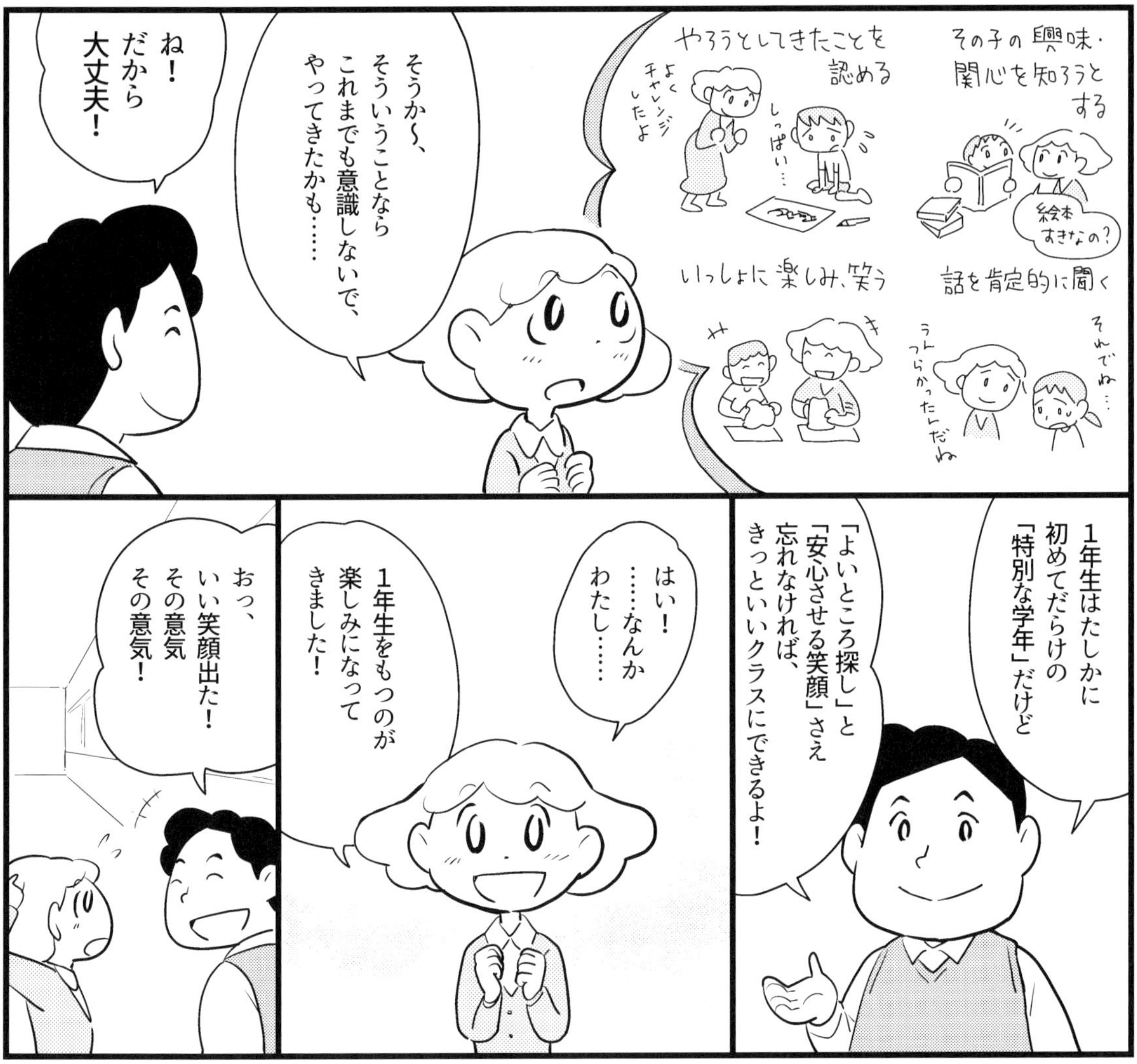

葉かけだけではありません。子どものがんばる姿やその過程に注目し、認める声かけは大きな勇気づけになり、やる気につながります。

　また、子どもが「毎日、元気に学校に来てくれる」「笑顔を見せてくれる」ということや今あるものへの感謝が勇気づけなのです。

②ネガティブからポジティブな見方を

　一見ネガティブに見える行動をポジティブな見方に転換します。すると、勇気づけの場面がぐっと増えます。

　短所と思えることを長所に書き換えながら子どもの行動を見たり、時には言葉に書き出し、リフレーミング（異なる見方で捉え直すこと）したりすることで、子どもを勇気づける場面が見えます。すると、自分の子どもの見方が変わり、接し方の幅が広がります。

③対等の存在

　子どもを人として対等な存在であると考えることです。教師と子どもという役割上の上下関係はあっても、人としては上も下もない、互いに成長し合う存在です。子どもに対し、あなたが大切だという思いをわかるように何度も伝えること。これが子どもが自分を好きになり、意欲を引き出す勇気づけリーダーシップです。

入門編

温かさとていねいさで安心できる環境をつくる

私はこの子たちと1年間、すてきなクラスをつくっていきたい

1年生担任の大きな仕事と言えば、入学式。まずは全力で準備をし、入学式を終えましょう。

その後は、学校生活に関する基本的な指導事項をくり返し教えながら、子どもたちがスムーズに生活できるようにしていきます。

学級づくりは、スタートが肝心です。4月の間に教えておきたいことはたくさんあります。また、小学校生活初めての参観日、学級目標決め、保護者への連絡帳の返事、学級通信をどうするかなどと、さまざまなことを考えなくてはなりません。

1年生の子どもにとってはすべてが初めての経験です。一度教えたからすぐにできると思わず、くり返し伝え、できたら認める。進歩を励ます。気持ちに余裕を持ち、ていねいに、温かく進めていきましょう。

入学式までの心構えと準備

1年生を担任することが決まりました。ワクワクしませんか。その半面、1年生担任は心配なことも多いものです。春休みは、でき得る限りの準備をし、安心できる環境でスタートしましょう。

仕事リストを作る

1年生を担任することがわかったら、春休みはないと言っても過言ではありません。まずは、入学式までにしておくべき仕事をリストにし、見通しを立てます。

①入学予定児童名簿作成
②幼稚園・保育園指導要録に目を通す
③身体的配慮を要する子（アレルギー）、支援を要する子などをチェック
④住所確認と下校班作成
⑤入学式前日準備、教室や壁面の掲示計画
⑥入学式掲示に関する物品の確認、発注、作成
⑦入学式に配付する学年だより作成、起案
⑧机に貼る名札の作成
⑨届いている物品の数の確認
⑩式場の椅子の数の確認
⑪入学式の呼び出し名簿作成と練習
⑫入学式リハーサル（関係職員、関係児童）と入学式に着用するスーツ、ネクタイ、コサージュなどの準備
⑬入学式当日の出会いの演出の考案
⑭ぬいぐるみやパペット等の用意

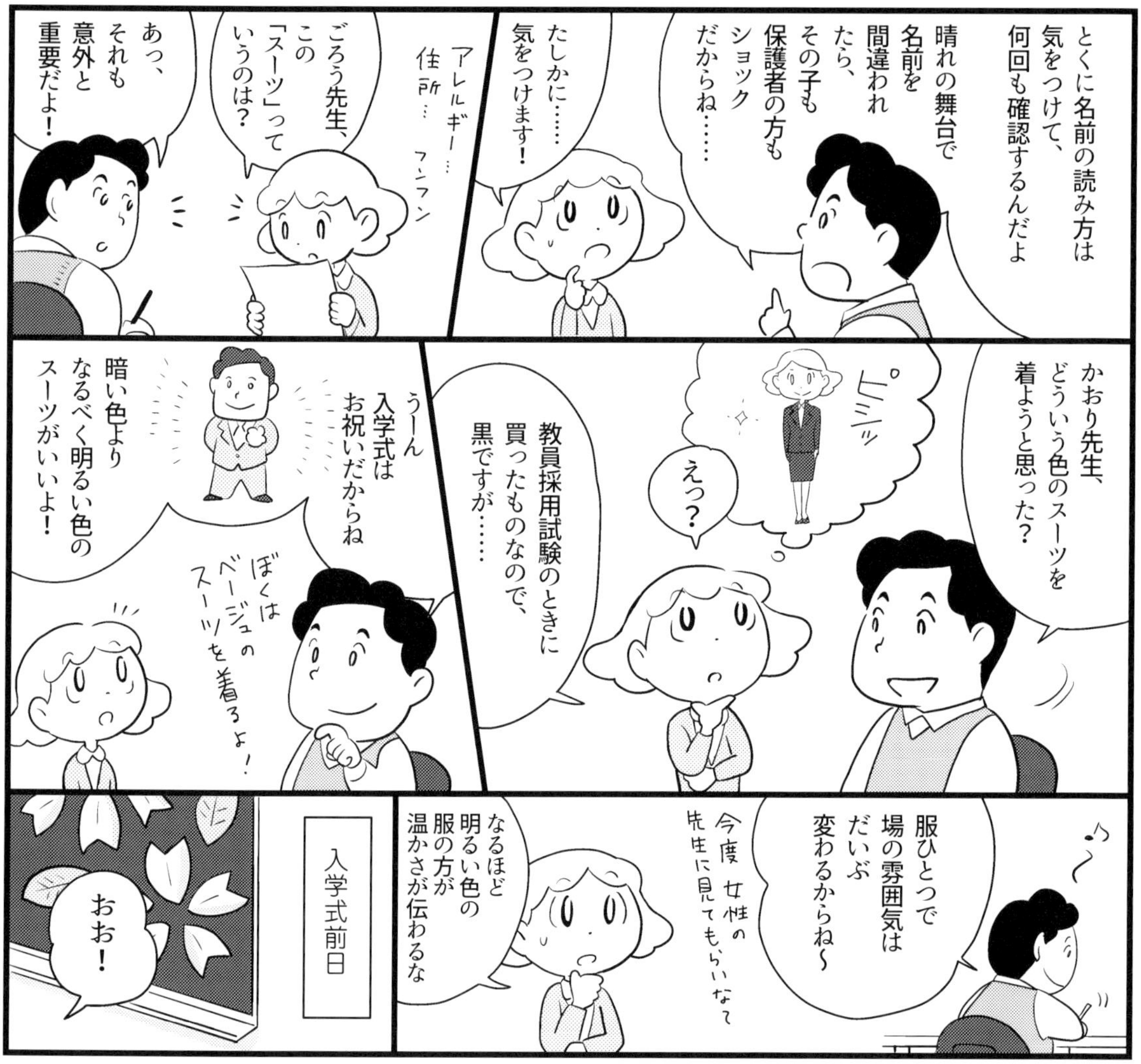

たとえば、①の名簿作成について、子どもの名前は、漢字の表記、読み方など何度も確認しましょう。名前は、保護者・家族の願いが込められたものです。その子自身や家族の思いを想像しながら正しく読めるようにしておきます。また、漢字の表記も旧字体かどうかを含めた確認が必要です。正確な住所も下校班の作成などに必要です。

③の身体的配慮は、養護教諭や栄養教諭からの情報をもとにアレルギーを確認します。給食の除去食はないかどうかも必ず確認しましょう。また、左利きかどうかも知っておきましょう。

⑨や⑩について、事前に届いている配付物や教科書がたくさんあります。冊数が児童数分あるかを必ず数えておきましょう。以前、教科書が不足していたことがあり、追加し、ギリギリで入学式に間に合った経験があります。

ある学校では、入学式に新1年生の座る椅子が1つ足りなかったと聞きました。事前準備で確認し、当日も複数の職員で確認します。

⑫の服装も大切です。1年生を担任した際、同学年の男性の先生が普段はあまり見ない明るめの色のスーツを着ていました。学年主任に相談し、入学式は黒や紺よりも、なるべく明るい色のスーツにするとよいようです。

入学式は子どもにも保護者にも晴れの大舞台です。明るく、清潔感のある服装で式に臨み、保護者に安心していただきましょう。式場や教室をはじめ、準備万端で臨むことで落ち着いて子どもを迎えることができます。環境を整えることは自分への勇気づけになるのです。

念には念を入れた準備を

入学式は学校の大きな行事のひとつでもあります。

そのため、式の前日に1年生の教室は、6年生や教職員で清掃や準備を行う学校が多いでしょう。

1年生の教室掲示は学年主任（または担任）があらかじめ計画し、示しておきます。

そのポイントは、幼稚園・保育園からくる年齢の子どもたちであることを意識し、かわいらしく、温かい雰囲気の教室にすることです。

入学式掲示グッズがすでにあれば、それを使います。もしも適切なものがなければ作成しましょう。掲示グッズの有無や所在を確認し、色画用紙や紙テープなど必要な材料を春休み中に購入し、準備しましょう。

教室の壁面には、事前の体験入学の際に、入学予定児童が描いた自分の顔や、2年生が描いた学校行事の絵を貼ったこともあります。その絵を見て1年生の子が「小学校では、こんなことをするんだな」とおよその見通しをもつことにもつながるのでおすすめです。

教室の黒板はまわりは花などで飾り、真ん中は何も飾らず、空けておきます。担任が自己紹介の際に黒板を使うことができるようにという配慮です。シンプルな方がよいです。

次に、子どもの机上です。ひらがなで書いた子どもの名札を作成し、机の右上に貼ります。入学式の日に配付されるおたよりや教科書などをすべて事前に確認し、封筒に詰めて机上に置いておき

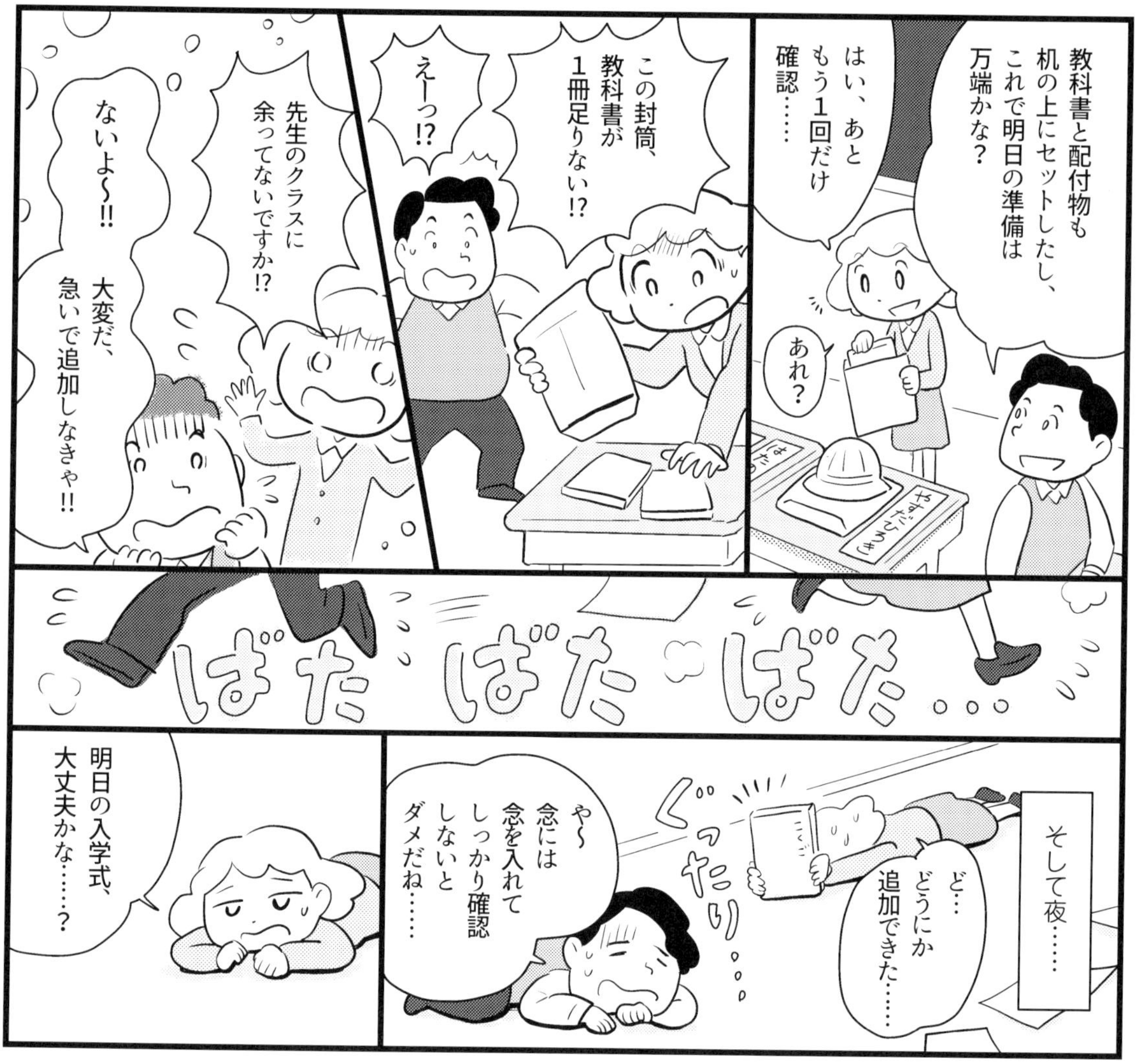

ます。入学式の日は時間がなく、配付が難しいためです。最後に、黄色い帽子を載せて完成です。

もしも6年生が準備の手伝いに来てくれたらお願いし、ていねいに整えてもらいます。

また、裏ワザとして、机の角に通信児童を示す「つ」というシールを貼ることをおすすめします。

入学後は、さまざまな手紙が配付されます。それらは、全児童配付と通信児童配付（家庭数）の場合があります。

1年生は、教えた後、「あなたは通信児童ですか？」と聞いてもわからない子が多いです。わかるようになるまでは、担任がひと目でわかる工夫が必要です。『つ』のシールがある子だけのお手紙です」と言うことができるからです。

ほかにも数字を書いたシールを貼ることもあります。それは、地区の番号を意味します。最初の1週間は1年生だけで下校します。色や番号で下校班を分け、机に貼ったり、ビニールテープで作った番号バッジを黄色い帽子に付けたりし、教職員が下校指導する際の目印にするという技もあります。

1年生がほかの学年と圧倒的に違うのは、最初はとにかく混乱しない視点は何かと考え、念には念を入れて抜かりなく準備をする必要があることです。

ほかにもいろいろな準備や技があります。学年主任と相談したり、前年度の担任に聞いたりして滞りなく準備を進めましょう。

入学式当日の心構えと準備

いよいよ入学式の当日です。もう一度教室と式場を点検します。自分の服装は大丈夫ですか。笑顔は……。朝、鏡の前で笑顔をチェックし、1日笑顔を絶やさず過ごしましょう。

入学式前の教室

入学式は、晴れの舞台です。子どもにとっては、一生に一度のこと。この日は何があってもとにかく笑顔で子どもの前に立ちましょう。

1年生にとって、入学式は小学校生活をスタートさせる最も大切な日となります。

私が以前行った学級開きを紹介します。

このときは、入学式の前に教室で子どもと保護者を迎え、入学式まで一緒に過ごす時間がありました。

次々保護者と1年生が教室にやってきます。背負ってきたランドセルをロッカーにしまい、保護者は控室へ移動します。子どもたちが全員そろったことを確認した後、呼名の練習をしました。

名前を呼ばれたら返事をして立つことを教え、やってみます。

ここでは、「はい」と言えただけで大いにほめましょう。自信をもたせて式に臨みます。できない子もいるでしょう。「ドキドキしているかな」「体育館でできるといいね」と励まし、勇気づけます。

全員が返事をする練習をさせたいと思い、目を合わせ、笑顔でほめながら名簿の最後の子まで行いました。

1年生のなかには、「みなさん」が自分のこと

だと思わない子もいます。ですから、「みなさん」と呼ばれたら1年生みんなのことだと事前に教え、練習をしておきます。それでも遅れたり、できなかったりしても、そこは1年生。それもかわいらしいのです。

結果としてのできる・できないにかかわらず、何をするのかを話し、見通しをもたせて安心させることが大切です。そしてチャレンジしようとしたことを認め、肯定的に声をかけるのが勇気づけです。

次に、入学式の入場について話をします。

6年生には事前にペアになる1年生を教えて入場の練習をしておきます。念には念を入れ、名簿と名札を確認し、順番通りに並ばせ、待機します。いよいよ入学式開始です。担任は先に式場に入り、笑顔で1年生を迎えます。

入学式の最大の山場は呼名です。これまで育ててきた保護者にとって、わが子が小学校に入学するというのは大切な節目であり、特別な日です。呼び間違えや漏れのないようにしなければなりません。事前に呼名用の名簿を準備し、ふりがなをつけ、練習をしておきます。当日は背筋を伸ばし、はっきりゆっくりと呼名します。

呼名や祝辞、歓迎の言葉などが終わると、退場です。退場は担任が先導することになっています。笑顔でゆっくりとにこやかに歩きます。

入学式の担任のふるまいは、保護者に「この先生なら大丈夫だ」と思っていただける大きな場面だと心しましょう。

入学式後の教室

入学式が終わって教室に戻り、まずは、入学式のがんばりをねぎらいます。返事や座り方、話の聞き方など、よかった点を具体的に挙げてほめます。

そして、支援員さんにお願いし、トイレに行かせます。教室に残った子どもたちとおしゃべりをしたり、緊張をほぐすための手遊びをしたりしているうちに、トイレに行った子どもが、その後、式場から保護者が続々と教室に戻ってきます。

保護者もいる前での学級開きを紹介します。

ここではとにかく「学校に入学して来てくれてありがとう。会えたことがうれしい。待っていたよ」という担任としての気持ちを伝えます。

緊張をほぐすことと、子どもとの関係をつくることをねらい、クイズを行いました。学校名など誰でも答えられるような内容にし、声を出したり、正解を一緒に喜んだりできるようにします。

担任の名前をたずね、答えられた際は、「もう、覚えてくれたんだね。うれしいな」と感激を表し喜びます。

また、「そう思っていた人？」と聞くことで指名されず、発言できなかった子をフォローしたり、挙手を促したり、手の挙げ方を「かっこいい！　さすが1年生」とほめることもできます。

初日から良い行動を見つけて指摘し、価値づけます。

担任の名前紹介は見える化で

担任の名前を早く覚えられるようにと、写真とイラストのカードを見せながら、ゆっくり文字を板書します。

子どもたちから名前を呼んでもらい、「はいっ」と元気に返事をします。

その後、「学校で何か困ったなと思うことがあったら、『近藤先生』って呼んで、お話ししてくださいね」と伝え、安心できるように努めます。

ほかにも、名前の頭文字から始まる言葉で自己紹介をする「折り句」で自己紹介をする、くす玉を作って割る、パペットを用い、「入学おめでとう。近藤先生と一緒に、みんなが来るのを待っていたよ」と伝えることもできるでしょう。いろいろな方法があってよいと思います。

どんな方法であれ、出会いのこの日は小学校での不安を取り除き、安心できる演出や言葉かけを行うことです。

保護者へのごあいさつ

子どもたちへの呼名（その後、握手もしました）が終わると最後に保護者にごあいさつをします。内容としては、お祝いや自己紹介、担任としての決意です。

子どもたちが小学校は楽しいと思えるような学級をつくりたい、そのなかでどの子も成長させたいという考えとお預かりしたという旨を話しました。保護者にも安心していただけるよう、内容を事前に考え、練習して笑顔で臨みましょう。

入学から3日間

入学式からは、笑顔を絶やすことができない毎日が続きます。朝は早めに出勤し、教室で子どもを迎えましょう。生活の基本を一つ一つ根気よく教えていきます。

指導事項を洗い出し、予定を立てる

最初の数日間は、3時間程度で下校です。

2日目から指導できる時間を洗い出し、指導することを組み合わせ、入れていきます。3日間の優先事項は、したくとトイレと下校です。

- 朝のしたく
- 下駄箱の使い方
- 傘立ての使い方
- 廊下の歩き方
- 話の聞き方
- 机の引き出しのしまい方
- トイレの場所と使い方
- 水飲み場の使い方
- 休み時間の過ごし方
- 帰りのしたく

1年生は、ほとんど毎日、学年だよりを書き、保護者に主な予定や下校時刻、子どもたちの様子について伝えます。

取れる時間に合わせ、いつ、何を指導するか週予定を立てます。

大まかな予定を載せておくと保護者もどんなこ

とをするのかがわかり、安心します。

［例］

日付	主な予定
4月7日	・朝のしたくと帰りのしたく ・あいさつ、返事の仕方 ・健康観察 ・話の聞き方 ・トイレ、水飲み場の使い方 ・下校の仕方
4月8日	・朝のしたくと帰りのしたく ・学習用具の出し入れ ・並び方 ・体操着の着がえの仕方 ・発育測定 （2限） ・自己紹介 ・学校探検 ・下駄箱の使い方
4月9日	・鉛筆の使い方 ・初めての名前 ・給食指導 ・休み時間

持ち物は、「毎日セット」として連絡帳・連絡袋・筆箱・ハンカチ・ティッシュは当たり前に持ってくるよう習慣づけをスタートします。学年だよりに書き、しばらくは子どもに「毎日セットを持ってきた人?」と確認し続けます。

2日目の学年だよりは、次のように書きます。

おたよりケース・連絡帳の使い方

・おたよりや学習プリント、連絡帳などは、おたよりケースに入れて持ち帰ります。毎日、ケースの中を見てください。
・連絡帳は家庭から学校へ、学校から家庭への大事な連絡を記入します。ご不明な点や心配なことなどがありましたら、お聞かせください。
・徐々に子どもたちが連絡帳に学校の様子や持ち物、宿題などを書くようにしていきます。毎日、連絡帳に目を通していただき、必ず見たサインをお願いします。

朝のしたくを教える

黒板に、朝、来たらやることと、席に着く時間を書いておきます。

①らんどせるをおろす。
②かばーをとる。
③かばーとぼうしをらんどせるにしまう。
④らんどせるのなかをだす。
⑤れんらくちょうをかごにだす。
⑥ほかのものをつくえにしまう。
⑦うわぎをあまぐかけにかける。

教室で待ち、「○○さん、おはよう」と名前を呼び、笑顔であいさつをした後、黒板を指しながら声をかけます。

文字だけでなく、簡単なイラストや写真で示すとわかりやすいと思います。

やることと手順を書いておいても「先生、何やるの？」「先生、次は？」と聞く子、何もしない子がいるのが1年生です。

もし、慣れるまで6年生が手伝ってくれる際には、「全部してあげるのではなく、1年生が自分でできるようになるように声をかけたり、ほめたり、手を貸したりしてください」とお願いしておきましょう。1週間くらいでできるようになっていきます。

したくを終えた後、何をするのかを書いたり、話したりして習慣化させたいものです。同時に朝のしたくを終えて席に着く時間を示しましょう。針を動かせる時計の掲示があると便利です。なければ、簡単な時計を描くとよいでしょう。

1年生に「8時15分だよ」と時刻を言っても伝わりません。最初は、「3の針までにしたくを終わらせましょう」などのような数字や針の位置で教えていきます。

ランドセルのしまい方も指導します。ランドセルカバーだけ中に入れたら（ランドセルカバーの形態によっては着けたまま）、ふたを閉め、後ろのロッカーに入れます。写真などで示すとわかりやすいです。合言葉は、「つるつるが前」です。

入学から1週間〈1〉

入学式からおよそ1週間で基本的な学校生活に関することを指導します。登校してから下校するまでのさまざまな場面について、毎日くり返し指導します。学校生活のリズムに慣れることが第一です。

提出物をどこに出すか示す

教室でランドセルを下ろし、開けた後にすることを自分でできるようにします。

1年生は毎日、連絡帳を専用のかごの中に開いて出すことを決めます。しばらくは毎日確認したいためです。

ほかにも提出する文書は、種類別に置く、向きをそろえて出す、乱れていたら直すことも合わせてその場で見ながら指導します。

入学して間もない朝は、できるだけ教室で待ちましょう。教室にいると、提出物を出すところを見ながら適宜指導ができます。

なにより大きなランドセルを背負い、学校まで歩いてくるかわいい1年生です。しばらくは、担任が朝、教室にいて子どもを笑顔で迎え、ねぎらうことが子どもを安心させる勇気づけです。

あいさつは教師が最高のモデル

朝、教室で子どもを迎えながら笑顔でさわやかにあいさつをします。

1年生にとって担任は、すべてのモデルです。子どもの名前を呼び、笑顔であいさつをしましょう。もし、自分から元気にあいさつをする子がい

たら、その行動を大いにほめ、全体に広げていきます。

1年生はほめられることが大好きです。よい行動を価値づける、勇気づけることで、「よし、ぼくも」と行動をまねする子が増えていきます。

したくができ、時間になったら、みんなであいさつをします。あいさつにもいろいろなパターンがあります。1年生で定番のあいさつは、「先生、おはようございます」「みなさん、おはようございます」です。これは、教師と子どもの関係、子どもと子どもの関係をつくるよいやり方だと思います。

私は「おはようございます」が間延びしないよう、「1年生になったから、かっこよく延ばさないであいさつをしましょう」と話します。

「最初は先生にあいさつを、2回目は1日一緒に勉強するとなりの友だちと向き合ってあいさつをしましょう」として「おはようございます。おはようございます」のあいさつを行っています。1日のなかで子ども同士がかかわるようにします。

また、教室の中央に向かい合い、あいさつをする、一人一人があいさつをしてリレーのようにまわしていく……など、あいさつひとつをとってみてもいろいろなやり方があります。1年生は、最初はスタンダードな形から指導し、慣れてきたら形式を変えていくこともできます。

健康観察は宝の時間

朝の会では健康観察を行います。子どもの体調を把握するとともに、教師と子どもとの関係づく

りにもなります。名前を呼ばれたら「はい」と元気に返事をするよう話し、返事の指導もあわせて行います。「はい」の下に小さい「っ」を板書し、間延びしない返事のイメージをもたせます。

名前を呼び、返事をした後、「元気です」「足が痛いです」など自分の体調を言えるようにします。このとき、元気な返事の子、笑顔の子、手の挙げ方がよい子を最初は言葉で、徐々にアイコンタクトでほめると子どもの返事がぐっとよくなります。定着するまで根気よく、時には不定期に評価をしていきます。

返事の指導は、挙手の仕方と同様に授業のなかでも行いますが、毎朝の健康観察を使い、練習していくとよいです。

返事と好きな色や返事と好きな食べ物など徐々に変化させ、ひと言、話す場として位置づけることもできます。

慣れてきたり、子ども同士の関係をつくる目的にしたりすると、係の仕事として子どもが行うこともできます。その場合、教師は返事をする子どもの様子をそっと観察します。

目的に合わせ、子どもが声を出す場や返事をする場、かかわる場として活用できる健康観察は宝の時間です。

トイレの場所と使い方はその場所で

この期間に、みんなで一緒に学校内を1周することがあるでしょう。なかでも玄関から教室までの道のりり、職員室、保健室、体育館の場所の確認は優先的にしましょう。トイレの場所は何よりも

最初に教えましょう。

そして、使い方もその場所に子どもを連れていき、実際に見せながら指導をします。

手順を確認します。

①便器の前の方にしゃがむ。
②ズボンやパンツをひざまでおろす。
③うんちやおしっこをする。
④おしりをふく。
⑤レバーを手で押す。
⑥流したかどうか見る。
⑦手を洗う。

男子だけ、女子だけと別々に指導し、実際にトイレに行き、担任がやって見せ、その後、子どもに順番にさせてみます。また、もしも汚してしまったら、トイレットペーパーで自分でふくことも教えておきます。

女子のなかには個室の鍵を締めることができない、1人で入るのが怖いという子がいます。トイレの個室は1人で入ること、必要に応じ、鍵の締め方・開け方をやってみせ、安心させるとよいでしょう。

最近は、学校も洋式トイレが多くなりました。しかし、洋式が使いやすいと洋式トイレの個室の前にだけ子どもたちが並んで、和式は誰も使わないという姿も見ます。

社会に出た際、和式トイレを使うことも考えられます。しゃがむ練習も兼ね、どちらも使えるよう指導したいものです。

入学から1週間〈2〉

入学式から徐々に学校生活に慣れてきた子どもたち。この時期は規律に関することも指導していきます。笑顔で、できたらほめる、のくり返しです。

これぞ小学生！　座り方・話の聞き方

小学校では幼稚園・保育園に比べ、座って話を聞いたり、学習したりする時間が長くなります。40ページのマンガのように、①手はグーに、②足は付ける、③背筋を伸ばすことを最初に指導します。合言葉は「グー・ペタ・ピン」です。

このとき、すばやくやった子やできた子をうんとほめることです。最初ははりきっています。先生がほめるというだけで、正しい座り方をしようとする子が増えるのが1年生です。

少しだらけてきたときに、「グー、ペタ……」と言うだけで子どもが背筋を伸ばし、「ピン」と正しい姿勢が取れる、そんな合言葉になればと思っています。

聞き方は、まずは「話す人を見る」の一点だけを教えます。目が合った子をほめます。できたこと、やろうとしたことをほめる。これが基本スタンスです。

休み時間はこう過ごす

子どもたちが楽しみにしているのが休み時間です。まず、休み時間とは何をする時間かを話します。授業と授業の間の5分の休み時間はトイレや水

飲み、次の時間の準備のための時間です。

しかし、20分の長い休み時間は友だちと一緒に遊ぶ時間だと教えます。遊びに行く前に、次の2つを約束します。

・休み時間の終わりの時刻を覚える。
・トイレや水飲み、手洗い、うがい、次の時間の準備を済ませておく。

体育の時間などに遊具の使い方を教え、休み時間は体育館や遊具のある校庭で遊べることを話しましょう。

最初のうちは担任も一緒に遊んだり、近くで様子を見守ったりしましょう。

蛇口は下に ―水飲み場の使い方―

手洗い・うがいをする際、水飲み場の使い方も指導します。順番を待ち、自分の番が来たら使います。最後の子は、蛇口を下向きに直します。水がたまらないようにするためです。

保育園・幼稚園で教えてもらい、身についている子もいます。見つけたら「よく知っているね」と声をかけましょう。

何よりも安全第一で下校を

登校したと思ったら、あっという間に下校です。机の中のものをランドセルにしまい、カバーをかけます。

入学式の後、数日間は1年生だけが早い時間に下校します。自分の家（もしくは学童保育）まで

の通学路を自分たちで覚えながら帰ります。

　住んでいる地域別に誰がどこにどのような順に並ぶかを計画しておきます。

　いくつもの地域がありますので、学年以外の教職員にも応援を頼み、下校指導をしてもらいます。事前に計画を立て、子どもの名前と並び方を記した計画を作成し、配付しておきましょう。

　もちろん担任も一緒に下校指導に行き、子どもの家や危険箇所を確認する機会とします。途中まで迎えに出てくださっている保護者や祖父母、近所の方にあいさつをしながら笑顔で子どもを帰しましょう。

並び方と特別教室の確認を

　今後、何度も整列する機会が出てきます。名簿順に呼び、2列に並ぶことを教えます。となりの子と手をつないで確認します。となりのほかに前後の子の顔も覚えさせます。赤白並び、体育並びも教えますが、当面は名簿並びだけで通す方が混乱しません。

　そのまま、学校の教室の確認も行います。まずは、職員室と保健室です。

「失礼します。1年2組○○です。◇◇先生に用があって来ました」と入り方も教えます。

　最初は型をきちんと教え、子どもが自分でできるようにする練習や指導をすることです。

くつと傘はそろえてしまう

　くつをそろえることは心を育てることと言われます。「席を離れるときはいすを入れる」に並ん

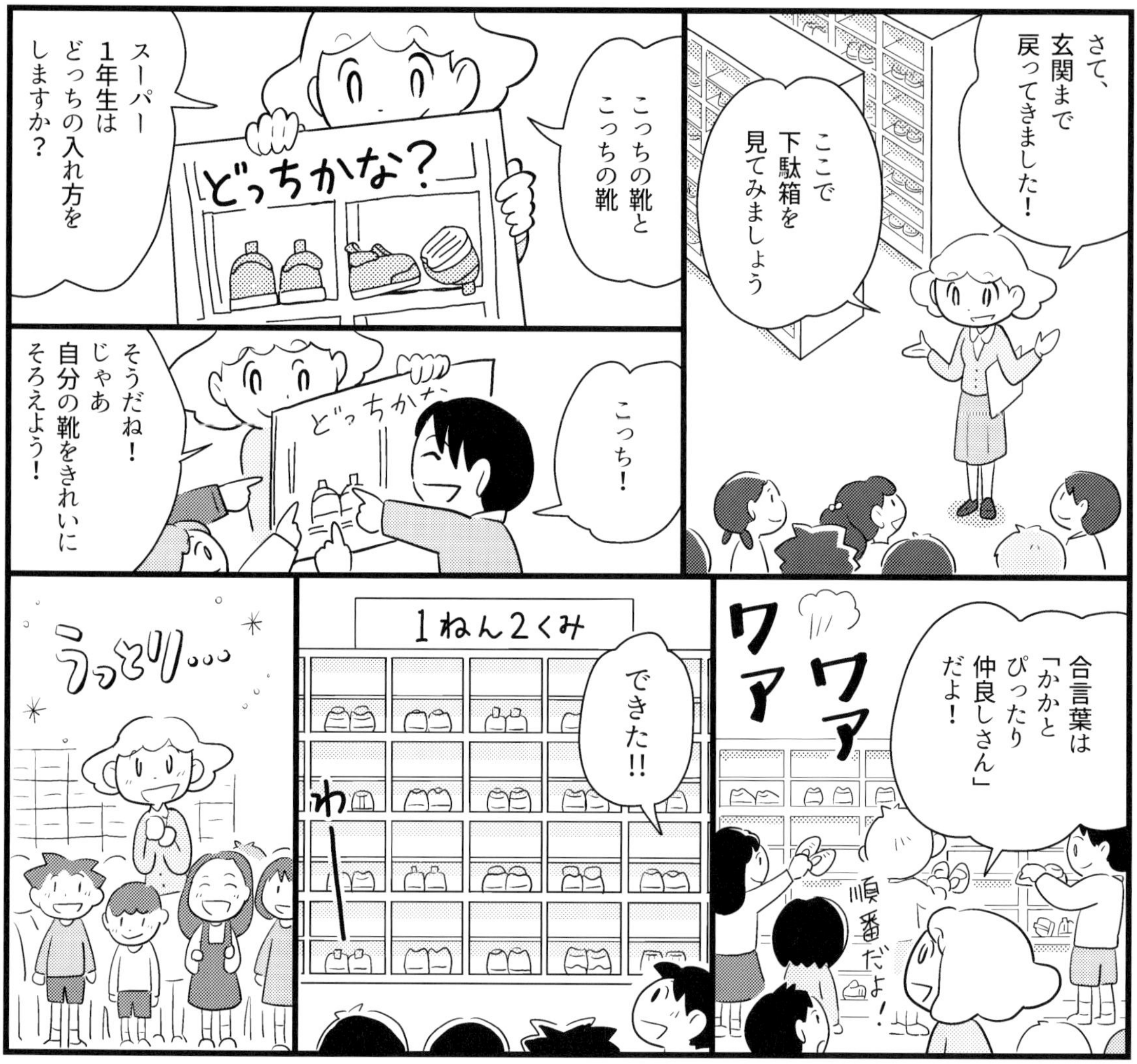

で、1年生のときから「くつのかかとをそろえる」「奥まで入れる」ことを教えます。合言葉は「かかとぴったり、なかよしさん」です。下駄箱の上の段に上履きを置き、下の段に、はいてきたくつを置きます。左右のくつをくっつけて置くことでくつが飛び出すのを防ぎます。

　このとき、そろっている写真とそろっていない写真を見せ、「1年生はどちらの入れ方をしますか？」と問います。教える前にたずねることで子どもが考えます。1年生でも自分で考える機会をできるだけ設けます。そして、そろえて入れる方が美しいことを見せて実感させるのです。

　一度教えただけでは身につきにくいものです。時々玄関をみんなで見に行き、確認するとよいです。「かかとぴったり……」と言うだけで、左右をそろえて奥まで入れていない子どもがあわてて直すこともありました。

　下駄箱が何段かに分かれている場合は、どこに内履きを入れるか、外履きを入れるかの指導も必要です。

　雨が降る前に傘立ての場所の確認と傘のしまい方も指導しましょう。自分の傘を立てる場所の確認、傘のしまい方をやって見せましょう。傘を閉じないと、近くの人の置き場に広がること、ほかの人が入れにくくなること、見た目が美しくないことなどを子どもの言葉から引き出したいものです。実物や写真を使い、指導します。

初めての給食指導・清掃指導

子どもたちが楽しみにしている給食。でも、指導が行き渡るまでは担任にとっては苦難の連続……。楽しい時間にするためのポイントを清掃と合わせて紹介します。

給食指導

給食が始まるまでに指導を行います。4時間目を使い、次のように指導します。

- ・学校の給食のめあて「感謝の気持ちを」
- ・給食のきまり
- ・給食時間の流れ
- ・給食当番、その他の当番の仕事
- ・片付けの仕方（簡単に）

学校の給食のきまりを話した後、給食当番がワゴンを運んできて、盛り付けるという流れを教えます。

①給食当番を割り当て、仕事を説明する

クラスの人数を6～7人に分け、お盆・はし、ごはん、牛乳、おかず①、おかず②、お汁などの仕事を分担します。汁は熱くて危ないので、最初は教師が行うとよいでしょう。

当番の仕事は、1週間同じ仕事をする方が仕事を覚えます。当番は1週間で交代です。慣れてきたら子どもたちが見て、自分が当番だとわかるような当番表を作成し、自分で確かめたり、子ども

たちで声をかけあったりできるシステムにしていきます。

生活経験や幼稚園・保育園経験によって差があります。手洗い、身支度から一つ一つ教えていきます。

②給食当番の分を配膳する

給食当番の分の給食は、給食当番以外の子が作るように割り当てます。誰が当番の誰の分を作るかを明確にし、毎回同じ人が作るようにしておくと覚えます。

③配膳の仕方を説明する

配膳は、いろいろなやり方がありますが、最初にお盆を1枚とり、はしを載せ、おかずの皿を取って……と教師がやって見せながら教えます。牛乳については、重くなることもあり、給食当番が直接、机の上に配達するようにしています。

たとえうまく盛ることができなくても、時間内に準備ができなくても、何よりも挑戦したことを認め、「がんばったね」「月曜日よりもコツをつかんだね」と個人や日々の進歩を見つけ、勇気づけます。

④量の調節やおかわりについて

配膳が終わり、「いただきます」をした後、量の調節を行います。「(苦手なものは)無理をしないでね。でも一口は食べようね」と優しく言います。

給食は、最初は無理をさせすぎないことがコツです。そのうちに時間内に食べられるようになっ

ていきます。給食がどの子にとっても楽しい時間になるように過ごさせたいです。

清掃指導

1年生だけで清掃を行う場合、清掃場所は1年生の教室や廊下が中心でしょう。清掃も当番表を作り、みんなで使う場所をきれいにすることや仕事を通して自分の責任を果たすこと、やり方を根気よく指導します。給食指導と似ています。

学校によっては、縦割り班のメンバーで学校内のさまざまな場所を清掃することもあるでしょう。その際は、6年生の班長への指導を通して間接的に指導することになります。

上達できるシステム

必要な人数に応じて当番を決め、一覧表を作成します。たとえば、教室7人、廊下4人、階段4人のように決めます。仕事の欄に名前を記入します。決まった期間、同じ場所を担当する方が子どもは仕事を覚え、上達も早いです。終わったら何をするかも明示し、空白の時間がないような分担を考えます。

実際にやりながら教え、できたらほめ、こうするのだという手順や見本を見せながら具体的に教えていきます。

分担については曜日ごとに仕事を変える方法もあります。慣れるまでは、ほうきの人は1週間ほうき、ぞうきんの人は1週間ぞうきん……と同じ仕事を受け持つ方が身につきやすく、上達も実感できます。これは給食当番の分担も同様です。

目で見てわかる工夫を

分担を表にしておくと仕事を忘れた子も表を見て確認できますし、欠席した子がいた場合、ほかの子が何の仕事をフォローすればいいかがわかります。

また、清掃前と清掃後の変化がわかるようにすることも大切です。たとえば、黒板の消し方でも上から下まで力を入れてふき、クリーナーをかけ、チョークの粉を取り除き……ときれいになった最終的な姿を見せ、目標をはっきりさせ、意欲を高めます。

1年生は、新しい取り組みにはりきります。黙々と働く姿、きれいにしようと一生懸命な姿、上手になった姿が必ず見えます。その場面を捉え、「ぞうきんで床をすきまなく拭いていてよかったよ」などと具体的な行為を認める勇気づけが大事です。また、終わりに集めたごみを示し、「こんなにごみを集めて、きれいになったね」と語ったりもできるでしょう。

最近は、ほうきを使ったり、ぞうきんを絞ったりする経験がないため、ほうきを逆に持っている子が多くいます。見つけると「反対だよ」とその場で指導をしますが、なかなか定着しません。

そこで、ほうきの柄の中央部分にビニールテープを貼っておきます。そして、「このテープが貼ってある方を前にして持ちます」と言い、ほうきの向きがわかるようにします。

清掃用具の置き方でも活用できます。子どもはテープを目印に考え、自分で意識して正しく使ったり、片付けたりできるようになります。

いざ！ 小学校での学習開始

学習に対し、最も意欲を見せるのはこの時期ではないかと思うくらい、子どもたちの猛烈な意欲を感じる時期です。できたことを喜び、がんばろうとする意欲を高める関わりや活動を設定します。

教科書にアイロンをかけ、ページを確認

教科書を見せ、同じものを出させます。教科書であると確認します。その後、表紙だけをめくり、手のひらでアイロンをかけるように押します。裏表紙も同様に行います。

さらに中央を開き、アイロンをかけます。折り目をつけると開きやすく、おはじきを置きやすくなります。名前を書き、大切に使うよう話します。

その後、下の数字が書いてある箇所を確認し、ページであることを指導します。「教科書の6ページを開きましょう」と指示しても「ページって何？」「どこにあるの」という子がいました。見つけたら指をさす、となり同士で確認するなど実態に合わせて行います。

1年生の教科書は、最初は挿絵ばかりです。絵が描いてあるだけのページが続きます。

子どもに絵を見て話をさせます。国語であれば、表記文字の指導につながる前段階、算数であれば、ものの数を数える前に何があるかを教科書の挿絵を見て話をさせます。絵を見て答えることを通して感じた気持ちを発表させたり、発言や様子から子どもの実態を把握したりして今後に生かします。

また、あわせて話を聴くことを徹底します。話す人の方を向く、口を閉じて聴くことを約束とし、できている子をどんどんほめていきます。

聴くことは、どの学習でも基本となります。この時期に聴くことが身につくと、今後の学習に大きな力となります。

鉛筆の持ち方

最初に指導しただけではなかなか身につきにくいことのひとつに鉛筆の持ち方があります。

合言葉は「オッケー作って中指チュ」です。写真で示す、正しくできている子をほめる、気がついたら直すよう合言葉を言う……など、あの手この手を打ち、正しく持てるよう根気強く、温かく声をかけ、指導を継続しましょう。

4点セットと置き方

教科書・ノート・下敷き・筆箱を4点セットとします。授業が終わったら、次の時間の4点セットを用意して休み時間にします。次の時間の準備をする習慣をつけるためです。

筆箱は机の上の方に、教科書は左側、ノートは右側に置くことを指導します。（左利きはその逆）文字跡がうつらないようノートには必ず下敷きを敷くよう指導します。

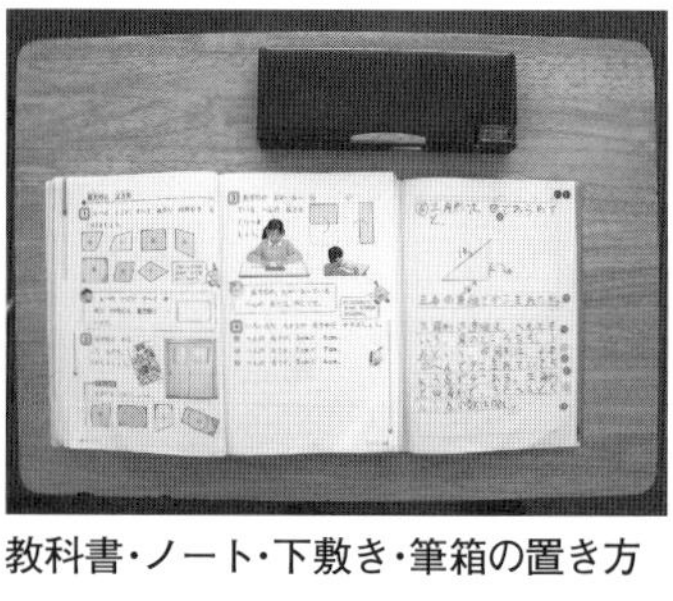

教科書・ノート・下敷き・筆箱の置き方

①フラッシュカード
では、ここで授業の導入に使える道具や活動をいくつか紹介するよ！
国語では「ことわざカード」がおすすめ！
いぬもあるけばぼうにあたる
サッ サッ
毎日声に出すことでことわざを1つずつ覚えていけます
いぬもあるけば ぼうにあたる
注目させて、すばやく活動に引き込むことができるよ
②読みきかせ
三びきのやぎのがらがらどん……
絵本を静かに聞かせることで集中させ、落ち着かせることができます
③空書き
す
覚えたひらがなや数字を指で空に大きく書きます
お尻で書いたりすると楽しいよ

物や動きを使い、導入で惹《ひ》きつける

①フラッシュカード

授業開始時から視線を集め、瞬時に活動に引き込むには、フラッシュカードが使えます。カードをテンポよくめくり、リズムを作ります。国語では「ことわざカード」が使えます。絵とことわざを見て、毎朝声を出すこと、1つずつ覚えることを楽しめます。

「七転び八起き」「失敗は成功の元」など、学級で大事にしたいことや子どもに伝えたいことわざもあり、後々、「失敗は成功の元だよね」という子どもの声が聞かれるようになります。

毎日1つずつ、何度か読むと子どもはすぐに覚えます。次第に、教師が読まなくてもカードをめくるだけで子どもが読んでいくようになります。めくる速さでリズムを変え、声を合わせて読むと楽しいという経験にもなります。

「四字熟語」「慣用句」「時計」などのフラッシュカードが出されています。サイズも小さくめくりやすく使いやすいです。子どもの語彙も増えます。

②読み聞かせ

1時間目の授業や20分休みが終わった後の3時間目の最初、落ち着かないこともあります。学習への切り替えを促すため、短めの絵本を読み聞かせて開始します。語りや絵に集中することで気持ちが落ち着き、授業に入れる子もいます。

③空書きで復習

授業で座ってじっとしているのが難しい子もいます。既習のひらがなや数字をいくつか空に書くことで開始します。人差し指を出し、空に大きく

書いたり、時には椅子から立ち、体全体で書いたり、お尻で書いたりする活動から導入もできます。

④百玉そろばん

算数の授業開始時には、百玉そろばんがおすすめです。大きなそろばんを出しただけで反応がよく、盛り上がります。導入で使える百玉そろばんのバリエーションはさまざまあります。


順　唱…玉を1つずつ右に（子どもにとっては左に）動かしながら数を言っていく。

教師の逆唱…10から減らして数える。

2とび…玉を2つずつ動かして数える。

5とび…玉を5つずつ動かして数える。

数あて…子どもが目をつぶり、教師が動かした数を音で当てる。答えた後、目を開け確かめる。


ゲーム的要素が高い分、子どもの意欲も高まります。玉を送る速さを変え、リズムよく数えることやみんなで声を出して数を数えると楽しいという経験をさせ、楽しみながら学習をスタートできます。

活動を切り替え、集中力を促す

1年生は、45分間をいくつかに分け、活動を切り替えます。国語であれば、声出し、教科書の音読、読み取り、ひらがなの練習、というようにです。声を出したり動いたり、集中したりと変化をつけ、活動を組み合わせる授業を構成します。

初めての学習参観日・学級懇談会

学校生活のリズムに慣れ、楽しく登校しはじめた頃、小学校生活最初の参観日がやってきます。保護者の期待と楽しみに応えるよう、念入りに準備をして臨みましょう。

初めての参観日の心得

入学して1カ月、ひとつの山といえば年度はじめの「学習参観」があります。入学したばかりの1年生に45分間の学習参観は苦しいなというのが正直なところです。

しかし、子どもたちは、おうちの人が見にくるということで、いつも以上に意欲も高く、はりきるあまり興奮している子が多くいます。

年度当初の学習参観は、どの学年もそうでしょうが、新しいクラス、担任、子どもの様子をひと目見ようと大勢の保護者の参観があります。

とくに1年生は保護者が来る前からそわそわして落ち着かなくなったり、授業中でも後ろを向き、「ママ!」と手を振ったりすることもあります。

また、学習参観の開始時刻に遅れてこないように、5時間目の開始時刻は子どもと確認し、5分早く教室に戻るように伝えます。

年度はじめの学習参観で大切にすべきことは何でしょうか。私は、全員が活動する場を作る、45分間をいくつかのパーツに分けて活動を組み合わせることを意識しています。

研究授業と学習参観は違うと心得ましょう。保護者は、自分の子どもが話を聴いているか、小学

校の学習に参加しているか、楽しそうに生活をしているかを見にきているのです。このことをふまえ、学習に参加している、ひと安心だと思っていただけるような時間にする必要があります。

私は、45分間をいくつかに分け、活動を切り替えてあきさせないようにしました。

次の流れで国語の授業を行いました。

①声出し…ことわざカード12枚を3回テンポよく。
②教科書…うたにあわせて「あいうえお」。
音読を変化をつけて5回。
③ひらがな「か」「ひ」。言葉集め、空書き、指書き、尻文字。担任に丸をもらう→終わったら練習。

ここでは言葉集めの部分が肝です。「か」のつく言葉を考えればよいのです。「かさ」「かめ」「かめら」「かご」「かじ」など、子どもから出たどんな言葉もすべて板書します。子どもは自分の意見が書かれたことで安心します。

最後にそれを順番に読んでいきます。個人では発表しなかった子もみんなと一緒に声を出して読むことで参加できます。

また、指で空に文字を書く「空書き」の後に全員で立ち、お尻で文字を書く「尻書き」も行うと、やんちゃな子ほど乗ってくれ、盛り上がります。

1年生の授業では、「楽しみながら変化をつけること、短い活動を組み合わせること」でなるべくあきさせない工夫をしましょう。

サッ
サッ
時は金なり
ときはかねなり
七転び八起き
ななころびやおき
わあ、うちの子声出てる……
言葉集め
「か」ではじまることば
「か」で始まる言葉を言いましょう
はい 沢田さん
かめ!
三条くん
かさ!
津川くん
からす!
あっ、うちの子さされた!
空書き
ひ
みんなで「ひ」を書きましょう

また、学年で学習参観の内容を相談したり、ある程度そろえたりすることも必要です。複数クラスある場合は、保護者同士で学級の様子を比較し、「学習進度に差がありすぎないか」「クラスによってしていることが大きく違う」といった心配からクレームにつながることもあるためです。教科書で扱う内容や使う教材など、ある程度足並みをそろえることにより、保護者は安心します。

掲示物や教室環境を再点検

参観日や懇談会の前は、教室環境や掲示物を点検するよい機会にします。

入学式のままの掲示物ということはありませんか。掲示が曲がっていたり、切れていたりということはありませんか。

参観日は子どもたちの学習の成果を見ていただく機会でもあります。教室や廊下に子どもたちの書いたものや作ったものを掲示する場合、必ず、全員分あるかを再点検しましょう。わが子の作品だけが掲示されていない、ということはあってはなりません。

もし1人でも作品がない場合は別なものに入れ替えるなどの配慮が必要です。

初めての学級懇談会の配慮

ここでは、担任としての方針をお話しするとともに、保護者同士をつなぐことを心がけます。初めて小学校の保護者会に参加するという方もいらっしゃるでしょう。

画用紙とプロッキーを準備します。画用紙を

3つに折って真ん中に名前を書き、三角コーンのようにして名札を作り、ご自分の前に置いてもらいます。お顔とお子さんの名前が一致する工夫です。

まずは自己紹介をしていただきますが、お子さんのいいところを1つ紹介しながらの自己紹介をお願いしています。最初は、「ええっ!」「ないわ〜」などと笑っておっしゃいますが、だんだんと盛り上がっていくのでおすすめです。子どものよさを口にして聴き合い、共有することは、保護者同士の勇気づけになります。

学級懇談は保護者と直接お会いし、お話できる貴重な場です。入学後の不安や疑問があれば出していただき、それにお答えしたり、保護者の意見を聞いたりし、情報と悩みを共有できる場にします。

また、4月の末に家庭訪問を実施する学校もあるかもしれません。家の所在確認とともに、保護者の話を聴く機会とするスタンスで臨みます。

家庭訪問や懇談会で出された話題は、できるだけおたよりに書いて知らせ、共有するように心がけています。そのような積み重ねが、保護者同士をつなぐ一助になるのではないでしょうか。

学級目標はどうつくる？

「学級目標って何？」と真面目な顔で聞いてくるのが1年生です。学級みんなでがんばる目標を子どもと一緒に決めましょう。決めたことを時々ふり返ることも忘れずに。

4月の3週目、学級目標を作成します。子どもたちともう少し過ごし、実態を把握してから学級目標づくりをしたいところです。

しかし、学級経営案を書き、第1回目の学習参観日までに学級目標を作成し、掲示する学校もありますので、4月中につくることになるでしょう。

学級目標の決め方はいくつかやり方があります。

①教師がめざす方向を示し、目標となる言葉を提示。そこに子どもたちを乗せ、リードしていく。

②教師の願いを語り、そのうえで子どもたちから意見を出してもらい、集約し、目標化する。

③最初から子どもたちに意見を出してもらい、集約し、目標化する。

どの方法もよさと難しさがあります。目的によって合う方法を選びます。私は、教師が提案するだけでなく、子どもたちが「自分たちで決めた」という体験をさせたいと考え、②を選択しました。

1年生は、学級目標をつくることが初めてで、経験を積むという意味でも、ある程度、担任主導

で進めます。

　最初に「学級目標とは何か」を話します。そして、こんな1年生になってほしい、こんな学級にしたいという担任の願いを語ります。

　このときは、勤務校の教育目標に合わせ、知・徳・体の3つの観点から目標を設定したいと考え、子どもたちには、次のように話しました。

　勉強のこと、心のこと、体や運動のこと、この3つで学級のみんなでがんばることを決めたいなと思います。こういうことをみんなでがんばりたいという人はいますか。

　勤務校の「笑顔でぽかぽか・学んで納得・元気にぐんぐん」という重点目標と簡単なイラストを板書して話をしました。

　子どもたちは少し考えた後、男の子が最初に手を挙げ、「げんきなあいさつをする」と言いました。「毎朝、全校でがんばっているものね」と受け止め、「心」のところに板書しました。

　1人が口火を切るとイメージがわくのか似たような発言が続きます。そのとき、勤務校で目標としていたあいさつの合言葉「目を見て笑顔であいさつをする」がそのまま出たり、「にっこりあいさつ」が出たりしました。似たようなことでもすべて板書します。いくつか出た後、「では、『心』に関係することで、がんばりたいことを少し出してください」と続けました。

　すると、「元気に遊ぶ」という意見が出ました。別な子が「それは、『元気にぐんぐん』のところ

う〜ん
はいっ
はい
柏崎さん！
元気なあいさつをする……？
おっ
こころ
げんきな
いいね！じゃあこれは「心」のところでいいかな？
はいっ
はい！
おっ
調子が出てきた！
どうぞ！
目を見てあいさつをする！
にっこりあいさつをする……
こころ
同じような意見が多いな……
似た意見でもすべて板書していきます
じゃあ「体」のことではあるかな？
元気に遊ぶ
仲間はずれにしない
う〜ん、「仲間はずれにしない」は「心」かな……
テーマからずれた意見が出ても意見が出たこと自体を尊重しましょう

じゃない？」と言い、「それでいい？」と了承を得ながら、別の観点から関連づけて意見を書きました。

「最初は『心』について考えさせよう」と絞るために視点を与えても、自分の言いたいこと、思いついたことを言ってしまうのが1年生です。

でも、それでもよいのです。自分のことで精いっぱい、新しい世界に飛び込んだばかりなのです。

みんなでがんばるめあてに関して自分の意見を言える、考えることができた点を重視します。

そして、友だちの考えを聴くことにも重点をおきます。ですから、内容以上にクラスのために発言できたことを大いにほめます。

また、できるだけ大勢の意見を反映させるため、「友だちと同じ意見でもいいですよ」と告げます。型を示すことで発言へのハードルが下がり、「ぼくも……がいいと思います」と先に出た意見をくり返す形で発言する子もいます。最初はこのように「同じです」でも十分な意思表示です。

その後、できるだけ覚えやすいようになるべく短い言葉や複数の意味を包括できるような抽象的な言葉にして目標化します。

この年は、知・徳・体に合わせ、「やさしさ・やるき・げんき」を学級目標にしました。

図工の時間に自分の顔を描き、全判の画用紙に目標の文字を顔で囲むように貼り、教室に掲示しました。

話し合いで大事にすること

子どもたちとやりとりをし、意志を確認しなが

ら進めることです。

「これとこれは同じ意味かな？」「『仲良く遊ぶ』は、『仲良く』で『心』かな。それとも『遊ぶ』で『体』のめあてかな？」と。

自分たちの向かうゴールを教師と子どもで決めることは子どもを対等に思い、尊重する勇気づけです。意志を確認する手続きは少していねいに行います。多少時間がかかっても、自分たちが参加し、自分たちで決めたことは守ろうとする意識がはたらきます。

こうして、教師のリーダーシップのもと、1年生からも自分たちの学級のあり方を自分たちで決めていく経験をさせていきます。

そして、決めた目標は飾って終わりにせず、定期的にどれくらいできているかをふり返ります。

なお、学級目標の作り方や時期はほかにもいろいろな実践例があります。参考にしてください。

自分たちの学級を意識するひと工夫

学級目標以外にも自分たちの学級を象徴するものを話し合って決めることもできます。

たとえば、何かの歌を変えて学級歌をつくる、学級のマスコット的キャラクターを決める（つくる）、文字やキャラクターを生かし、学級旗をデザインするなどが考えられます。

自分たちの学級を象徴するものをつくることで学級が居場所になります。なにより、自分たちで決めたものへの愛着がわきます。集団意識の第一歩です。

勇気づけ 担任としてのあり方

どんな学級担任でいたいと考えていますか。日々、どんな対応を心がけていますか。また、自分の考えはどのようにして伝えていますか。信頼関係を築く対応について考えてみましょう。

休んだその日に連絡を

子どもが1日お休みした日、みなさんはどうしていますか。保護者から連絡はもらっているのだし、1日くらいはまあいいかなと思う方もいるでしょうか。

私は新採用の頃、指導教官に教えていただいた「1日休んだら電話連絡、2日休んだら家庭訪問をするくらいがいいね」をほぼ続けています。

休んだ理由にもよりますが、とにかく連絡をするようにしています。そして、保護者に具合をたずねた後、必ず「○○さんに、ちょっと代わっていただけますか」と本人に電話に出てもらうようにお願いをしています。子どもに「先生が気にかけてくれている」という気持ちをわかりやすく伝えることが大切だと考えるからです。

また、休んだとき、今日の授業の内容や友だちからのメッセージが書かれた手紙を届けるようにしています。最初は難しいかもしれませんが、提案すると喜んでやりたがる子が大勢います。文字が難しければイラストでもよいです。休んだ子が「明日は行きたい。みんなに会いたい」と思えるような手紙をつけることができると最高です。

連絡帳のお返事は保護者への勇気づけ

1年生を受け持つと驚くことのひとつに連絡帳での保護者からの連絡の多さがあります。担任したばかりのとき、連絡帳を書く時間になって、「先生、何か書いてあった」と言って、長く書かれた連絡帳を子どもが持ってきたときはお返事を書く時間のなさに焦ったものです。

ですから、朝のしたくで「連絡帳を出す」ということを最初のシステムに入れるのです。書いてあろうとなかろうとページを広げて先生の机の上に出すことを徹底します。

朝学習の時間に、書いてあるものと書いてないものに分けます。

書いてあるものの中でもすぐにお返事を書けることであれば、その場ですぐにお返事をします。その際、冒頭に「いつもお世話になっております」というあいさつ文を入れ、最後は、「ご連絡ありがとうございました」と締めくくります。小さなことですが、日々の誠実な対応の積み重ねこそ信頼を築く第一歩と考えるからです。

少し考えてお返事を書くべき内容のときや学年主任や管理職に確認すべきときは、給食を早く済ませたり、時間を見つけたりして書きます。ポイントは誠実にていねいな文字で書くことです。

文字のやりとりは、一つ間違えれば誤解を与えかねません。うまくお返事できないとき、書きにくい場合などは無理をせず、「ご連絡いただき、ありがとうございます。本日夕方お電話させていただきます。よろしくお願いいたします」とお返事し、電話でお話しすることもあります。

学級通信を使って伝える

　講師の頃、同級生だった新採用の同僚が学級通信を書きながら学年主任と楽しそうに出来事を話している姿がうらやましかったことを覚えています。

　学級通信はそもそも何のために出すのでしょう。

・子どもの様子を保護者に知らせるため。
・担任の考えや価値観を知らせるため。
・子ども同士のつながりをつくるため。

　目的はさまざまでしょう。保護者に必要なことを定期的にお知らせするための学年だよりとは違い、どうしても出さなくてはならないものではありません。

　しかし、学校の環境や学年主任の許可が得られ、可能であれば出すことをおすすめします。担任と保護者をつなぐ強力なツールになるからです。

　まずは、子どもの様子を保護者に知らせることを主として書きます。

　その日、その週の印象的な出来事や子どもの言動、うれしい姿を中心に書きます。

　文字ばかりだと読みにくさや重たさを感じる方もいると思います。子どもの活動の様子を伝える写真や子どもが描いたイラストを載せるのもよいでしょう。

　大事なことは、次の2点です。

①定期的に出す。
②子どもを肯定的に見ていることを記す。

できれば毎週何曜日に出すと決めてしまうことです。そうすることで仕事のルーティンに組み込めたり、伝えるために子どもの言動をさらに見ようとしたりするようになるからです。

担任の考えや価値観を伝えることは大切です。しかし、量が多すぎたり、毎回暑苦しかったりすることは控えましょう。あくまでも主役は子ども。担任の考えはほんの少しでちょうどよいのです。

学級通信は配付時に子どもに読み聞かせます。すると、子どもにダイレクトに友だちの言動や感情が伝わります。自分に見えない友だちの言動や感情に触れることは友だちのよさを再発見したり、時には見方を変えたりすることもあります。子どもをつなげるツールとしての活用もできます。

とはいえ、くり返しになりますが、学級通信を出すことは義務ではありません。授業の準備や子どもと過ごすことがおろそかになるようならば再考すべきです。

出すことや号数を重ねることが目的ではありません。出したことで保護者や子どもとの関係が築ける、よくなる、勇気づけとなる、そんな学級通信を書きたいものです。

COLUMN

1年間を生き抜く〈1〉

小学校の学級担任として大事なことは、担任としての1年間を「教室に居続けること」だと考えています。長い1年。どのように生き抜きますか。

ゴールを描き、スタートで安定した位置を

小学校は、教科担任制の中学校に比べ、学習指導、学級経営、事務的な仕事と担任のすべきことは多岐にわたります。担任はかなり責任のある立場であり、その分、大きな責任とやりがいを感じます。

性別、キャラクターをふまえながら、教室では時にリーダーに、友人的存在に、母親的存在・父親的存在にと、個々の子どもや場面に応じて、いろいろな役割を演じなくてはなりません。時には思うようにできないとしても1年間、教室にいることです。

学級担任はフルマラソンに似ています。ゴールを定めたら、そこをめざし、スタートします。ペースを定め、軌道に乗るまでは不安定な走りになりますが、自分なりのペースをつかめば、安定した走りが始められます。

若い頃、校内で大きな校務分掌を任され、その仕事に全力で臨み、学級の準備に手を抜いてしまったことがあります。物理的な準備以上に、ゴール像を描くこと、信頼関係を築くことに力を注ぐべきでした。

6月。中学年の子どもたちが崩れはじめました。

COLUMN

関わり合うたびにトラブル発生。ルールを決め、確認することをせず、あいまいに過ごしていたためです。少しずついい加減になり、落ち着きのない子が増えていきました。静かにする、切り替えるということが身につかない状態でした。苦しい1年を過ごしました。年度はじめにチームづくりですべき、ゴール像を設定し目標を共有する、役割を明確にする、小さな問題をともに解決し、共有することを怠ったためです。

この経験から、年度はじめの過ごし方が1年間を大きく左右することを学びました。

「どのような学級にするか」「どのような子どもを育てるか」を明確にしておかなくてはなりません。子どもの実態に合わせ、教師がリードする、子どもと一緒にめざしていくなど、スタンスと具体的な手だてはさまざまになるでしょうが、めざすゴールを設定し、子どもと共有することです。目標共有ができれば、次はルールを作り、子どもと共有します。なりたい姿をめざし、どんなことが必要かを学年に応じて子どもと考えていきます。子どもたちは、自分たちが決定に関わっている方が、ルールを守ろう、達成に向け努力しようとする意識が高いものです。

1年生であれば、担任がめざす姿や願いを子どもたちに熱く、温かく語り、そこに向かってルールを決め、できたという達成感を味わわせる、この積み重ねです。

そのためにも「先生、好き」「先生が言うんだから」と思ってもらえるような信頼関係をつくっておくことが必要です。年度はじめ、学期はじめは学級を軌道に乗せるためにスタートを大切にしましょう。

基礎編

寄り添い、信頼関係を築き、学校生活を軌道に乗せる

子どもも教師も緊張感のなかで過ごした4月を終え、連休明けからはフル回転です。大きな行事、学校生活のリズムに乗せる、学習習慣を確立させる……と夏休みまでは走り続けるような日々が続きます。

この時期のポイントは6月にあります。学校生活に慣れはじめた子たち。半面、適応できず、乱れる可能性がある6月をどう乗り越えるかがひとつのポイントといえるでしょう。

最も大事なことは、子どもとの信頼関係を築くことです。子どもの姿を見取り、子どもの話を聞き、つながり、わかろうとすることです。勇気づける具体的な手だてを紹介します。

また、「家庭訪問」「個別懇談」といった保護者との関係づくりにも勇気づけで対応していきましょう。

連休明け登校しぶりにご用心

張りつめていた4月が過ぎ、学校生活の1日の流れもつかめてくると疲れが出てきます。そんなとき連休が始まり、骨休めになります。連休明けの子どもの様子をよく見ましょう。

連休明けにシフトチェンジ

新しい環境に慣れ、緊張感のある生活を続けた子どもたち。疲れがピークになる頃、5月の連休がやってきます。教師も、いつも笑顔を絶やさずにいようと気持ちを張りつめた日々をふり返り、連休に少し緩めましょう。

子どもたちはどうでしょうか。家族と楽しい思い出をつくったり、のんびりしたりできた子もいれば、出かけることでたまった休みの疲れを引きずったままの子、ようやく身につきはじめた学校生活のリズムが元に戻った子もいるでしょう。

連休明けは、4月に指導したことをもう一度確認し直す気持ちで臨みます。

連休明けの子どもの様子をしっかり見取ります。朝、教室で迎えるとき、授業の様子、教師用机から見る定点観測と休み時間などにぼんやりみる見取りなどとさまざまを組み合わせます。

また、6月は学校生活に慣れた安心から気持ちが緩み、「乱れる6月」とも言われています。

この時期は、これまでのルールを子どもと再確認し、新しい活動を取り入れ、シフトチェンジを図ります。

学習習慣の定着を

連休明けから家庭学習の習慣化が定着するような指導を行います。すでに4月から学習をふり返るひらがなや数字を書くプリントを家庭学習に出してきたことでしょう。

5月はそこに音読を加えます。家での音読をカードに、自分で記録するようにします。

音読は教科書の教材でも音読集などから出してもよいと思います。国語の時間に毎日読み、それを家でも読むこと、終わったら丸に色を塗ること、おうちの人にサインをもらうことなど、やることを決め、家庭学習を開始します。

この後、運動会や水泳学習などによる時間変更もあります。この時期に家庭学習の習慣を身につける取り組みを開始することは、日常を保つ効果につながります。

以前の勤務校では、家庭学習に取り組む意欲を向上させようと全校で「チャレンジ100賞」に取り組んでいました。

学年×10分を目標時間に設定し、宿題や自主学習に継続して取り組み、100日達成したら校長先生から表彰していただくというシステムです。

全校で取り組んだため、1年生も「小学生だからがんばろう」と思い、全校朝会で表彰される上学年を見て、「ぼくも校長先生から賞状をもらいたい」とモチベーションが高まりました。

学校体制での取り組みは保護者の理解を得やすいです。いきなりは難しくても学年で統一し、共通のカードを用意することから取り組みをスタートしてはどうでしょうか。

学習習慣の素地「聴く」

1年生は入学してすぐに「勉強したい」「もう字も書けるよ」と意欲的です。この時期に育てたいのは「やる気」と「聴く」態度です。どちらも今後の学校生活を支える重要な事柄です。

人がやる気になるのは、安心感の中で満たされたり、自分が認められたり、成果が見えはじめたりしたときではないでしょうか。

いつも笑顔でいる、名前を呼ぶ、見つけたよい姿を直接伝えるなど、子どもに伝わる直接的な方法で愛情を見える化し、勇気づけていきます。

とくに物静かな子、自分からあまり「先生」とそばにこない子には、ほかの子もいるところでよさを認めたいものです。ほめられ認められることで、さらにやる気を出すのが1年生です。惜しみなくプラスの言葉をかけ、知らず知らずのうちに、やる気モードに変えていく時期にしたいものです。

子どもを勇気づけるポイントは何でしょうか。たとえば、発言は少なめで静かな子に多いのが、よい姿勢でいられることです。このように、子どもの言動をポジティブに見ます。目立たなくても指導したことに努力し、よい姿勢で取り組んでいる場面を取り上げ、やる気を持続させます。

加えて、話を「聴く」態度を身につけさせることが大切です。話す力を育てる前に「聴く」力から育てる必要性を感じています。

「聴く」ことについて、みなさんはどのように伝えますか。

（岡信子「はなのみち」『国語一上かざぐるま』光村図書）

①「聴く」と「聞く」の違い
②「聴く」ことの価値とスキル

私は、この2つを伝えます。

「聴く」と「聞く」の違いについては漢字を示し、違いを問います。漢字を読める子も何人かいます。部分を見て、「こっちの『聞く』は耳が1つ」「こっちの『聴く』は耳と十の目と心が入っている」と気がつきます。

大事にしたい価値は早めに教えます。一度だけでなく、今後さまざまな場面でくり返し教えていきます。教える過程で、なるべく子どもに問いかけ考えさせます。ここでは「『聴く』で大事にしたいことはどんなことがあるかな」と問います。子どもたちからは「話す人を見る」「しゃべらないで聴く」「うなずいて聴く」などが出るでしょう。

どの意見も板書し、こういうことができると花丸の「聴く」であることを確認します。その後、わざと話を聞かない体験や悲しい、いやだという感情を確認し、一生懸命「聴く」体験のロールプレイを行いました。

「うなずいて聴いてもらったらうれしかった」という感情を体験させ、友だちの思いに気づくためにも活動の後には必ず「やってみてどう思ったか」をふり返ります。

この活動を行うのはなぜかという目的をはっきりさせ、1年生でも教えるなかで気づかせ、自分たちで考える経験を少しずつ入れていきます。

行事で鍛える

5月の連休が明けると、運動会練習にむけて全校が行事一色になっていきます。1年生にとっては行事をどのように成長の通り道としていけばよいのでしょうか。

児童会行事でデビュー

4月の終わりか連休の間に、児童会の行事で「1年生を迎える会」が行われます。学校規模によっても異なるでしょうが、以前の勤務校では、1年生は全校の前に立ち、名前と好きなものを話すという役割がありました。

生活科の学習を活用し、返事の後、好きな食べ物や好きな色、好きな遊び、好きなキャラクターなどのなかから1つ言えるように練習しておきます。

事前に、必ず行事と同じ場所でマイクも使い、当日と同じ流れでリハーサルをしておきます。そこまで練習しても当日、声が出ないことがあるのが1年生です。

全校の前で話すのはとても勇気がいることですが、2〜6年生が一生懸命準備してくれたことや、この会から縦割り班の仲間に入れることを事前に話し、1年生なりに緊張感をもって臨ませます。がんばったらできた、全校の前でもうまくいったという最初の成功体験にできるよう、念入りに準備をしましょう。

なお、個別に支援や十分な配慮の必要な子もいます。返事や動きにおいて、焦らず、実態に応じて行うことも大切です。

大運動会を通して成長を

4月は、担任も子どもも新年度の緊張感とはりきる気持ちから走り続けてきました。

しかし、連休が終わると、多くの地域では春の運動会という一大イベントに向けて学校全体が動きはじめます。急に学校生活が加速していきます。

1年生にとっても大きな意味をもつ運動会です。これを乗り越えることで本当の意味で小学校の一員になることができると言っても過言ではありません。

そもそも運動会の目的とは何でしょうか。

主に体育の学習の成果を発表する、集団行動の成果を発表する、一つの活動に向かって努力する姿を見てもらう、協力して行動するなど、さまざまあります。

各行事はその目的を確認し、その行事を通して子どもの成長に生かすというスタンスは何年生であっても変わりません。

春先の運動会は子どもに集団の一員であることを意識させる場と捉え、指導します。

運動会で1年生が出場する種目には、50メートル走やリレー、応援合戦、6年生とペアになり、課題をクリアする興味走、玉入れなどの団体種目、全校ダンスなどが考えられます。

1年生はただそこにいるだけでも十分にかわいらしいのですが、全校児童に交じり、開会式で立っている、まっすぐ走る、全力で応援している姿にも、入学した頃から思うと成長を感じます。

本番でその姿が見られるよう、体育の時間を中心に少しずつ練習をしていきます。1年生は

早くから練習していても忘れてしまうし、しつこくしすぎてもあきてしまいます。目安として、2週間前からは運動会に向けた練習が中心になるでしょう。

モチベーションを高めるため、小学校で初めての運動会という位置づけや運動会の意味について1年生にも話します。そして、おうちの人はどんな姿を楽しみにしているかを問い、自分たちのどんな姿を見てもらいたいかを投げかけ、がんばることを確認していきます。

このように、自分で自分のめざす姿を決めることで責任感が生まれ、モチベーションを持続させることになります。

運動会で何を成長させるのか、まず教師がそのような意識をもちます。そして、それを子どもたちにくり返し伝えていきましょう。

たとえば、練習の過程で今日のよかった姿やがんばりを見つけ、子どもたちに返します。当日まで、それをくり返すことで、子どもは、めざす姿を常に意識し、どうすればよいかを考えます。

運動会の当日は体操着で登校したり、万国旗がかざってあったりする学校に早朝から興奮状態の子もいます。日常とは違う運動会当日、教室の黒板にメッセージを書いておきます。

どんな運動会にしてほしいか担任の願いを伝え、自分で決めためあてを思い出してほしいと思い、書きました。

また、黒板に、子どもたちの書いためあてをすべて貼り、運動会に臨むというやり方もあります。

運動会当日は担任もそれぞれの役割があり、朝

の会以外は子どもたちのところへ行くことができないかもしれません。

1年生の担任は児童管理の場合も多いですが、ほかの役員になった場合、同学年の先生方にお願いするなどして、当日は水分補給とトイレに行くことを、こまめに声かけしてもらいましょう。

そのときはトイレに行きたくないと思っていても競技の直前になって、「先生、おしっこに行きたい」と言い出す子が過去に何人かいました。1年生の競技が終わったら、必ず声をかけ、できるだけトイレに行かせておいた方がよいです。

運動会後は教室で帰りの会を行います。その際に、今日の姿を指摘し、具体的にほめましょう。

暑いなかで全力で走る、並ぶ、応援する、最後までがんばる、そうした姿を子どもたちに返すことでがんばりを認め、ねぎらいます。

小学校で初めての運動会で自分たちはがんばったと自覚させて運動会を終えることができれば、1年生の運動会は大成功です。

行事での成功体験は認められる場のひとつとして有効です。うまくいった経験が小さな自信となり、勇気づけとなります。

子どもを知り、愛情を示す

学級が荒れるかもしれない6月。学級崩壊の危機にしないために、子ども一人一人との関係を見直す機会をもちましょう。「なんでもトーク」でおしゃべりする機会をつくります。

子どもと過ごす「なんでもトーク」

1学期の折り返し。子ども一人一人とつながる時間を意図的に設定することが必要です。

そこで、学期に1度は「なんでもトーク」（教育相談）を実施します。学校生活に関するアンケートや「楽しい学校生活を送るためのアンケートQ-U」（河村茂雄著、図書文化）を実施した後、一人一人とおしゃべりをする時間をとります。子どもたちにはこんなふうに語ります。

> みなさんのことをよく知りたいから、先生とみなさん一人一人とおしゃべりする時間をつくりたいと思います。学校で楽しいこと、もしあれば困っていること、先生に話したいこと……などを教えてください。

事前に予告しておき、名前を書いて一覧表にしておくと見通しがもてます。子どもも「明日が自分の番だ」と楽しみにしてくれます。

場所は教室ではなく、特別教室や空き教室などを活用するとよいでしょう。以前の勤務校は全校体制で実施しており、相談の時間を授業時間から1時間とったり、校時表を短縮時程にしたりして

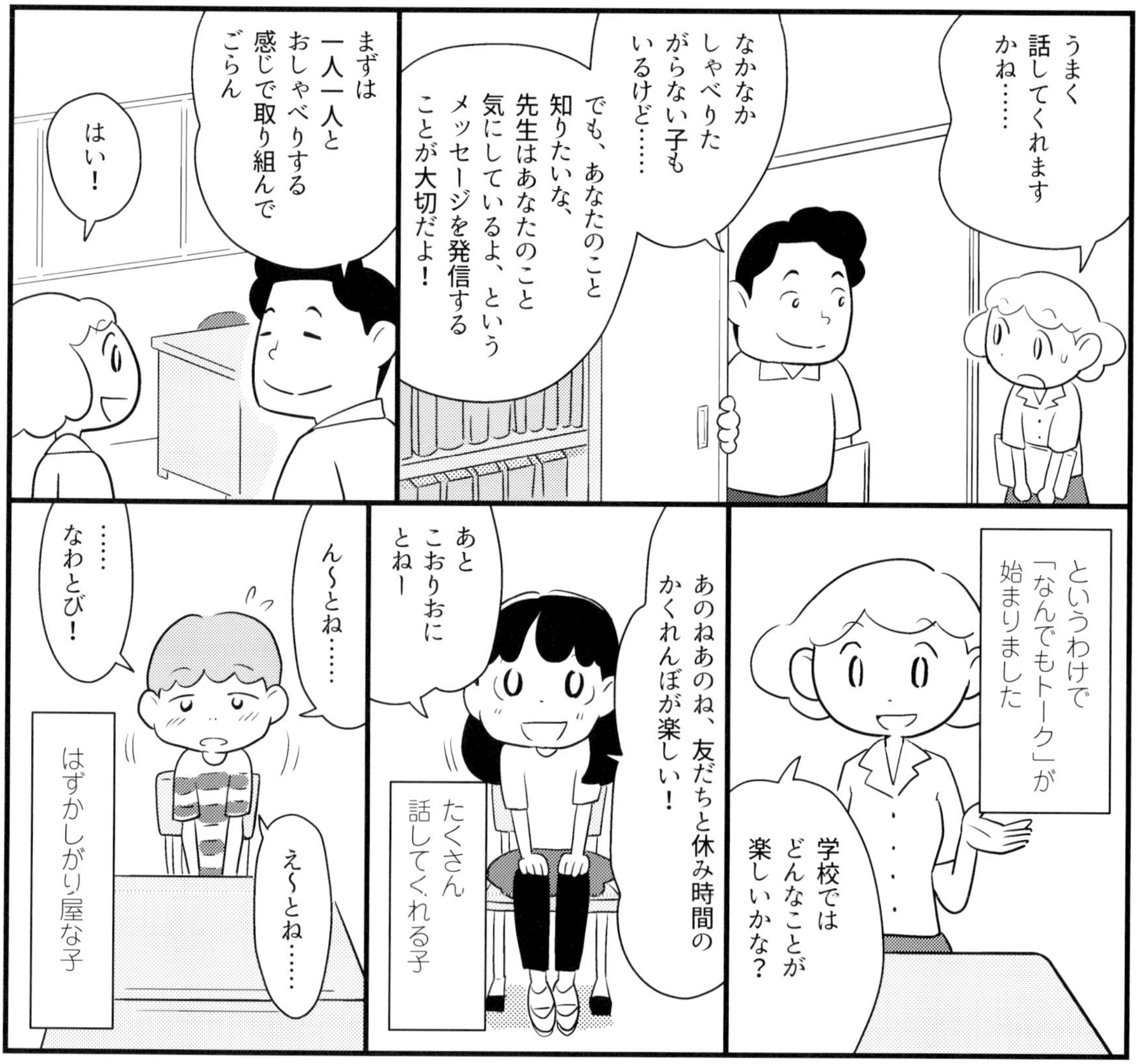

相談タイムを生み出していました。不足分は休み時間や朝学習の時間などを使います。

1人7分程度で行い、個々の子どもと2人きりでおしゃべりする時を楽しみます。内容により、また学年によっては、もう少し長い時間を必要とすることもあるでしょう。

おしゃべりが止まらない子もいれば、ほとんど話さない子、こちらがいくつか質問しても「ない」で終わりの子とさまざまですが、低学年は話したいことをすぐに話し出す子が多いです。

困っていることを聞き出そう、関係をつくろうと意識しすぎず、最初は一緒に過ごす、その子だけのための時間をもつために行います。

・小学校は楽しいか。どんなことが楽しいか
・この頃、仲よくしている友だち、好きな遊び
・はまっていること
・心配なことはあるか
・先生に言いたいこと

大事なのは、この活動で子どもを知ること、好きだと伝えることです。先生と2人で話して楽しかったという時間を共有しましょう。

おはようメッセージで「勇気づけ」

ひらがなの学習をひと通り終えた頃、毎朝黒板にメッセージを書く「おはようメッセージ」を開始します。

毎日放課後、教室の整頓をした後で、子どものよい姿を具体的に書き、勇気づけたり、教師の

よかった！
みんな
けっこう話して
くれてる！
さて次は
問題の
柴田くん
だ……
ふだん仲いい子は
いる？
いない！
みんなオレが
話しかけると
逃げちゃうんだもん
ガッタン
ガッタン
どうして
逃げちゃうのかな
……すぐ
たたいちゃうから
だと思う……
どうして
たたいちゃうん
だと思う？
むか～って
してくると……

考えを伝えたりするために行います（「おはようメッセージ」は、以前の勤務校の同僚に教えてもらいました）。

「おはようメッセージ」には、前の日の子どもたちのがんばりや、よかったところ、今日1日を前向きに過ごせるような言葉かけなどを書きます。

登校した子からメッセージを読んでいますが、朝の会でも私がメッセージを読み聞かせます。

時には個人名を挙げて書くこともあり、子どもを認める場のひとつとして活用しています。

また、他の教職員に聞いた姿を書いて伝えることもあります。子どもたちはとても喜びます。担任だけでなく、いろいろな先生方に見てもらっている、よい姿が担任にも伝わっていると示すことにもなります。

担任としての私の願いや学級でめざしている姿を再確認するために書く日もあります。

「おはようメッセージ」を書く効果には、次のようなことがあります。

- 子どものよい姿を認め、価値を共有できる。
- 1日を温かく前向きな気持ちでスタートできる。

「先生がほめてくれた」「先生はこういうことを大事だと思っているんだな」と感じてくれることを願っています。

しかし、まだ1年生です。文字だけでは興味を示さない子もいますので、イラストを描いたり、

メッセージを読み聞かせたり、一緒に読んだりと工夫しながら少しずつ関心をもたせていきます。なによりも「おはようメッセージ」を行うメリットは、担任として、

子どもの肯定的な姿を思い出そうとするようになる

ことでした。

1日の終わりに、メッセージを書こうとすることで今日の出来事をふり返り、子どもたちのよい姿を思い出します。

時にはエピソードを思い出せない日、なかなか書けない日もあります。そんなときは、「おはようございます。今日も1日、元気に過ごしましょう」といった簡単なメッセージだけを書きました。日々、肯定的な感情を伝える、担任と子どもとがつながる努力を継続することが必要だと考えて続けています。

また、誕生日の子がいる日は、誕生日の子どもの名前とおめでとうの言葉のメッセージを書き、みんなで読みます。ちなみに、その日は、牛乳で乾杯をしたり、絵や言葉をメッセージカードにかき、みんなからプレゼントしたりしてお祝いもしました。その子の誕生日記念の学級だよりを読むことも考えられます。

「おはようメッセージ」をはじめ、あの手この手で愛情を見える形で伝えることが大切です。

保護者と関係を築く

保護者を味方につけることで、さらに教育活動がしやすくなります。家庭訪問や個別懇談会で個々に話す機会があります。どんなことに気をつけたらよいでしょうか。

家庭訪問の心得

4月の終わりに家庭訪問を行う学校が多いでしょう（最近は夏休みに行う学校も増えているようです）。

1年生は、4月の学級懇談会を活用し、用意した拡大地図に自分の家の場所を記すシールを貼ってもらうと、住宅の場所がわかって便利です。シールには名簿番号を書いておきます。

住宅の位置を確認したら時間に遅れないように計画を立て、訪問することが肝要です。あらかじめ休日などに確認しておくとベストです。

限られた時間のため、保護者のお話を中断するのは心苦しいですが、何かあれば、また、いつでもお話をうかがいたいことを伝え、時間通りに各家庭を訪問できるようにすることが礼儀です。あるご家庭でつい話し込んでしまい、後々のご家庭をお待たせするようなことのないようにします。

もし、迷ったりして遅れそうになった場合は、電話ですぐに連絡を入れます。保護者はお休みを取り、時間を割いてくださっていることを忘れてはなりません。

家庭訪問は、緊急時などの住宅確認のみの場合と家に上がり、お話をうかがう場合とがありま

す。

前者の場合、「本日、お宅確認にうかがいました。今後ともよろしくお願いいたします」と自分の名前を記したおたよりをポストに残してくるとよいです。

後者の場合、家庭訪問ではこちらからは入学してからの様子をお話しし、あとは基本的に保護者のお話や願いを聴くことに徹します。上がってお話ができる場合、生まれたときのエピソードや子どもの名前の由来をお聞きするようにしています。事前にお願いをしておくとアルバムなどを見せてお話ししてくださるご家庭もありました。

子どもの成育歴と保護者の願いを知ることで、改めて大事なお子さんをお預かりしている責任を感じ、帰校します。

帰校後、学年主任や管理職に報告した方がよいことは、すぐに報告します。こんなことくらいいいかな……と思うことでも、迷ったら報告することをおすすめします。

また、その場ですぐに返事できない質問や問い合わせがあった場合は、「確認し、後日お返事いたします」と対応します。ひとりで抱え込まないことです。そして、後日必ず、お返事の連絡をしましょう。

個別懇談の心得

6月のはじめや夏休み直前に個別懇談を行う学校もあるでしょう。

個別懇談は1人15分程度の時間です。家庭訪問とは違い、保護者の考えをお聞きするだけでな

そうなんですか……お母さまおひとりで、お仕事も夜遅くまでなんですね
はい……
なので、ようへいの話もあまり聞いてあげることができなくて
寂しい思いをさせていると思います……
でも、おはようメッセージを書いていたここ数日……柴田くんのがんばっている行動も私はたくさん見てきた……
しばたくんのこと書いてある!
ようへいくん、がんばっていますよ!
入学してすぐは朝のしたくに手間取っていたのが最近はすぐランドセルをしまえるようになりましたし、
アサガオの世話も毎日一番に水やりしてますし……
ズイッ
まあ……!

く、あらかじめ子どもの様子で伝えたいことをまとめ、準備しておく必要があります。

前節で述べた、子どもとの「なんでもトーク」で話したことや学校での様子、よく遊んでいる友だちなど情報を整理し、簡単にまとめておきます。

保護者との面談ですから、若い先生ほどスーツやシャツといった正装で、また女性であれば、長い髪は束ねるなどし、きちんとした服装で臨みましょう。

場所は教室です。子どもの机を2つ用意し、だいたい90度になるように配置して準備をしましょう。対面型にすると、緊張感が増したり、尋問形式になってしまったりすることがあるといわれています。

その際、担任も保護者も教室の時計が見える位置に机を配置するとよいでしょう。

教室前の廊下には、面談の時間を記した拡大用紙を掲示しておき、「時間になったらノックしてください」と添えておきます。また、次の方が待っている際に座れるよう、椅子を1脚置いておいたり、子どもたちの作品を廊下に掲示したりなどすると、ちょっとした配慮になります。

保護者をお迎えする際は、教室の入り口で保護者の名前を呼んで確認し、教室へご案内すること、面談後は教室の出口までお送りし、来校へのお礼を述べることも基本です。わざわざ足を運んでいただいたのです。「来てよかったな」と思ってお帰りいただけるよう、まずは形からもきちんと対応します。

1学期の個別懇談は、基本的には子どものがん

ばり、よさのみをお伝えし、保護者を勇気づけることに徹します。学校は子どもを肯定的に捉えてくれていると思っていただくことが信頼関係を築く一歩と考えるからです。

たとえば、学校で泣いてばかりいる、友だちとのトラブルが絶えないなど、どうしても気になることやお話ししなければならないことがある子の場合は、1つ話さなければならないマイナス面があるとしたら、その3倍はよさや日々のがんばりを、エピソードを交えてお話しします。

そのうえで「しいて言うなら……」というように切り出すとよいと思います。

懇談を終えた後、「学校で○○もがんばっているんだな」「そんな一面があったのか。家でも聞いてみよう」とおもわず笑顔になって帰ることができる、保護者を勇気づけるようなお話の個別懇談を心がけます。保護者に味方になっていただくチャンスと捉え、臨みましょう。

夏休み前の学級懇談会の心得

1学期末には学級懇談会があります。そこでは、通知表の見方や夏休みの趣旨、課題を伝えます。保護者の方に通知表の意味や見方を説明しておくことで理解を得られやすくなります。懇談会の内容は、欠席された方にも伝わるように学年だよりなどで知らせます。夏休みの宿題の意図や内容、やり方、通知表の基本的な考え方と見方についても同様にお知らせしておきましょう。

夏休みはこう迎え、こう過ごす

駆け抜けた1学期も終わり。出張や水泳指導、個別指導などがひと段落すると夏休みです。この機会、どんなふうに過ごしますか。休み前と休み中について紹介します。

夏休み前に十分な事前指導を

1年生にとっては幼稚園・保育園時代にはない初めての長い休みです。

机の中の物や鍵盤ハーモニカ、絵の具セットなどは7月に入ったら、計画的に持ち帰らせます

生活科で育てているアサガオの鉢は、学習参観日を利用し、おうちの方に持ち帰っていただけるようにお願いをします。1年生が持って帰るには大きすぎ、両手がふさがるので危険が伴うからです。

1学期の終わりは夏休みに向け、事前指導が大切です。

夏休みの考え方は地域によってさまざまでしょうが、基本的には子どもを家庭に帰すというスタンスです。

学校としての方針をもとに夏休みも生活リズムが崩れないよう生活表や課題を出します。学年で話し合い、指導します。

宿題一覧を書いた「なつやすみしゅくだいセット」を作り、A4サイズの封筒に貼ります。夏休み関係の宿題は事前指導を行った後、すべてその封筒に詰めます。

夏休みの学習帳や解答、生活表、絵日記の用紙、

ラジオ体操カード、プールカード、自由課題作品の簡単な計画書と各種コンクール一覧表……。

「宿題はこの封筒の中に全部入っている」という状態を作ると子どもたちにも保護者にもわかりやすいです。

宿題は、2学期の最初の日に、この封筒に入れて持ってくるようにします。封筒のいちばん下に始業式の持ち物も書いておき、「用意したらこの封筒に入れて○を付けましょう」と話します。

1年生ならではの課題として、アサガオの世話と成長の観察があります。生活表には成長の様子を書く「アサガオ日記」や「咲いた花の数を塗る欄」を作っておくとよいでしょう。その際、自分で決めた手伝いができたら色を塗る欄も設けます。

また、夏休み前の生徒指導として、「3つの車に注意しよう」の話も有効です。パトカーや救急車、消防車のイラストを見せながら、「長いお休みにこの3つの車にお世話にならないようにしてください」と話します。

小学校生活のスタートを切った1学期が終わりました。環境の変化にもくじけず、「入学して1人で学校に来て、よくがんばったね」という言葉をかけ、ねぎらいます。がんばりを認めることは大きな勇気づけです。

また、通知表を手渡しながら、1学期の具体的な成長を口頭で伝え、握手をして終わります。子どもが自分で「がんばった」と思えるようになる言葉をかけ、1学期をしめくくります。

休みはしっかり休もう

毎日笑顔で気を張り、日々を駆け抜けた自分をまずはねぎらい、しっかり休みましょう。

夏休みは、普段はできないことをしたり、仕事以外のことを楽しんだりできる時期です。ここで体と気持ちを休めることが2学期以降の子どもへの笑顔につながります。

しっかり休んだ後は、1学期の実践から課題を洗い出し、2学期の行事の確認や力を入れて実践したいこと、単元を見通した教材研究などが少しできるとよいでしょう。

「はがき大作戦」で2学期への伏線を

長い夏休みが楽しければ楽しいほど、子どもたちは、2学期からの学校が「面倒だな」「いやだな」という気持ちになるでしょう。

休み中は、子どもたちに暑中見舞いか残暑見舞いを出し、やりとりをしましょう。子どもたちの夏休み中の様子を知ることで、2学期の話題づくりにもなります。

1年生からのお返事はイラストが多く、覚えてのひらがなで「せんせい、げんきですか?」などと書かれていると本当にうれしく、2学期以降の教師のモチベーションも高まります。

私ははがきに子どもが何だろうと思えるようなちょっとした仕掛けをします。大きめの○の中にひらがなを1文字書いておくのです。

その文字を全部合わせると文章になります。文章は、学級の人数の数と同じ文字数になるように考えます。始業式に自分のはがきに書かれていた

文字を書き、それをつなげて読むと2学期もがんばろうと思えるようなメッセージにします。一人一人の文字で完成する、それぞれが学級の大事な一員であるという存在の価値を間接的に伝える勇気づけでもあります。

　始業式の前日に、はがきに書いてあったメッセージの文字を書く字の枠を書いておきます。子どもが書けば、「おはようメッセージ」が完成するように黒板を準備しておくのです。

　他にもなぞなぞを書き、その答えの一部○の字を覚えてくるというやり方もできます。

　ちょっとした工夫で子どもたちがワクワクするような仕掛けを考えるのも夏の楽しみです。

　大切なのは、夏休み中でも個々の子どものことを考える時間をつくること、子どもが先生からのはがきで学校のことを思い出し、2学期も楽しみだなと思えるようにすることなのです。

　「先生からはがきが来た！」「返事を書こう」というやりとりだけでも1年生には大切な経験です。

　返事をくれた子とは、そのはがきの内容をもとに夏休みの話ができます。また、返事が来なかった子は、2学期の始まりを気にかけ、様子を見ていくことになります。

　夏休み、リフレッシュしつつもスタートに向けた仕掛けはしておきます。

COLUMN

1年間を生き抜く〈2〉

フルマラソンのような学級担任の1年間。毎日全力疾走をしていては最後まで走れません。体力と気力をもち続け、とにかく3月にゴールすることです。どのように走りますか。

同僚の力を借りよう

初任者のときは学年主任や初任研担当の先生にさまざまなことを教えていただけます。指導を受け、悩みを相談できる時間が研修として設定されています。しかし、2年目以降はまわりから一人前と思われるようになり、自分から聞かなければ、教えてもらえるわけではなくなります。

組織では、1人でできる仕事は限られています。いくつになっても、まわりの同僚から学ぶ、教えてもらう、助けてもらう、できることは力になるという同僚性が大切です。

「お互いさま」「ありがたい」。このような同僚性が1年間を乗り切るベースです。

切磋琢磨《せっさたくま》でき、こぼせる仲間をつくろう

同僚以外にも学ぶ仲間をもちましょう。同じ職場でないからこそ見えるもの、違う視点を得られるからです。

互いに実践を紹介し、刺激し合ったり、時には悩みを相談し、解決のアイデアをもらったりと学ぶ時間を共有したりすることは、明日からの意欲

を持続させます。

私は、月に1度、仲間と定例会を開催し、学び合っています。

互いに刺激し合い、学び合う仲間は財産です。身近なところに同世代の仲間がいると思います。継続して集まる機会、おしゃべりする時間と仲間をもつことをおすすめします。

また、同業の仲間、異業種の人に限らず、本音を言える、愚痴もこぼせる人をつくることが大事です。時には、自分のネガティブな感情も話せる、話すことで感情を一時的に手放せ、勇気をもらえる、そんな人を見つけられたら自分の勇気となります。

信頼できるメンターを見つけよう

さらに、信頼でき、圧倒的な分析力や実践力をもつ指導的立場の「メンター」をもつことが必要です。

同じ力量の仲間たちと切磋琢磨しながら実践をブラッシュアップすると同時に、実践の意味づけや俯瞰《ふかん》した視点による理論的裏付け、具体的な指導をもらえるメンターを見つけましょう。

メンターは必要に応じて直接指導を受けることができる人がよいですが、身近でも遠くても、また、複数いてもよいでしょう。

自分の実践や自分自身のあり方がこれでよいのかを時々見てもらい、指導助言をもらうことで、自分自身を省察することができます。

長い1年を乗り切るためには意図的な戦略と具体的な戦術が必要です。

メンターは戦略について時に厳しく、温かく助言してくれる存在です。

充実期編

関わりを広げ、みんな意識を育てる

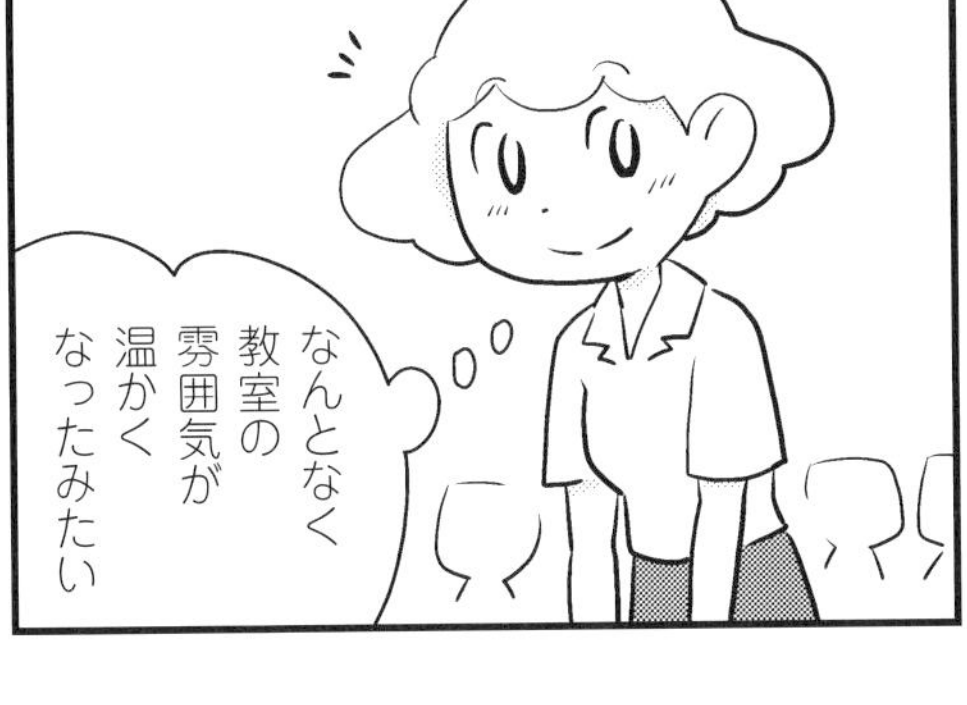
なんとなく
教室の
雰囲気が
温かく
なったみたい

2学期は子どもの育ちがぐんと広がる時期です。体も心も大きく成長できるこの時期は、友だちとの関わりを促し、築くことに重きを置きます。

話し合い活動を活用し、相互に勇気づけ合う、学級の問題や教科の課題を解決していく経験や協力体験を積んでいきます。

また、大きな行事や活動を通して、大きな成長を促すこともできます。行事や活動で育てたい力を明確にし、取り組みの過程で成長できるように手だてを打っていきましょう。

行事を終えた達成感や充実感によって、1年生の子どもたちは大きく成長します。

11月は、荒れるかもしれない時期だと言われています。忙しい日々の中でも子どもの様子を見逃さず、変化には早いうちに対応できるよう心がけましょう。

夏休み明け つながりづくりと目標確認から

夏休み明け、秋にかけてのこの時期は子どもが大きく成長します。夏休み明けの子どもの様子を見取りつつ、大きな行事を乗り越え、子ども同士の関わりを充実させる時期です。

夏休みが終わり、学校に元気な声が戻ってきます。暑さもあり、体も気持ちも学校生活にすぐに適応できないという状態も考えられます。

長い休み後のこの時期は、担任と子どもの関係や学校生活のリズムをもう一度、つくり直す気持ちで取り組むくらいがちょうどよいのです。

2学期は、1学期から築いた信頼関係を継続するとともに、行事や生活科を中心に子ども同士のつながりづくりに重点をおきます。

「サークルトーク」で夏休みの思い出を紹介

久しぶりに集まった学級の仲間全員で輪をつくります。顔を見合いながら、夏休みに楽しかったことやうれしかったことについて順番に話をする「サークルトーク」をします。

子どもたちは夏休みに充電したことで、エネルギーに満ちあふれています。久しぶりの学校、先生、友だちに、話したいことをたくさんもって登校してきています。

楽しい思い出を聞き合い、共有すること、自分が話したい、聞いてほしいという気持ちを満たすために、この活動を行います。

「思い出ビンゴ」で関わりを促す

ワークシートを持ち、いろいろな友だちに質問をし、おしゃべりする活動です。

ビンゴのなかには「花火を見た」「いとこに会った」「まつりに行った」などの項目をあらかじめ入れておいたり、「○○をした」と自由に書ける欄を作ったりします。子どもたちは自分から友だちに話しかけ、項目を満たした子からサインをもらいます。ここでは自分の思い出を話す、友だちの思い出を聞くことに加えて、自分から友だちに「やろう」と関われるように仕掛けています。

活動を見守り、関われない子には声をかけ、様子を見ながら教師も一緒に聞いて楽しみます。

聞いてもらいたい、聞いてもらったという気持ちを子ども同士で満たせるようにします。

「発表会」でよさを認め合う

夏休みの課題であった自由研究や絵日記、工作などのなかから自分の作品について発表する時間をつくります。作品を見せながら発表し、友だちから感想を言ってもらいます。友だちの作品に興味をもち、その後の会話にもつながります。

また、子ども同士で「○○さんはすごいな」「上手だな」と認め合うことができます。

教師は質問をしたり驚いたり、子どもの作品をきっかけに話を弾ませます。せっかく取り組んできた課題です。掲示するだけでなく、発表し合い、よさを認め合い、満足感をもたせましょう。

確認と価値づけながらの再指導

学期はじめは、1学期末に指導したはずのことを忘れてしまっていることも十分予想できます。その時々に確認しながら、もう一度教え直す気持ちで指導します。

宿題の提出や授業の準備、時間を守る、挙手の仕方、ノートの取り方、給食の準備、清掃の仕方など。クラスのなかには、覚えていてできている子もたくさんいます。やるべきことができている子を何らかの形で認め、勇気づけることです。教師の勇気づけで、「先生は見ていてくれる」「ぼくもがんばろう」「学校が始まったな」という気持ちにさせていきましょう。

子どもをよく見て

夏休みを挟み、最も変わるのは1年生です。体格だけでなく、精神的なたくましさが増します。「変わったな」「成長したな」と思える姿がたくさん見られます。

半面、個人差がより広がる時期でもあります。「学校に行きたくない」などの登校しぶりにつながる姿も心配されます。

休み明けはとくに子どもをよく見て、話す、聴く、遊ぶ、食べるなど一緒にいる時間を大事にします。そして、子どもの様子や変化に敏感でいられるようにします。気になる様子や変化を感じたら学年主任や管理職に相談しましょう。

また、席替えや班決めでメンバーを一新し、グループエンカウンターやグループワークで、子ども同士のつながりを意図的に構築します。

目標の再設定を

2学期はじめは学級目標を再確認します。どこへ向かうのか、そのためにどんなことをがんばっていくかを確認する時間をとります。

たとえば、これを「ビーイング」の手法を用いて行うことができます。

まず、模造紙に大きな人型を描きます。人型の外側には、「やさしさ・やるき・げんきいっぱいのクラスにするためになくしたいこと」を書きます。班ごとにメンバーが順番に1つずつ書きます。全員が参加することで当事者意識をもたせるためです。

その後、学級目標に近づくためにクラスにあるといいものや、がんばりたいことを人型の内側に書きます。

1年生からは行動よりも具体的な言葉かけを書いたものが多く出されます。「よかったね」「かわいいね」「ありがとう」など、温かい言葉に関する内容が書かれました。こんな温かい言葉をかけられるとうれしいなとイメージしたのでしょう。

何を書いたらよいか悩んでいる子には、「『あいさつをする』とか『自分から遊びに誘う』とかはどうかな」と具体例を出し、提案しました。

終わった後、教室の壁に模造紙を貼り、いつも意識できるようにしました。

人型の外側にはクラスにいらないもの（いやな言葉）が書かれているため、人の形に切り、掲示するとよいです。

はじめよう！クラス会議で自己決定

2学期は少しずつ自分以外の「友だち」について意識させていきます。友だちとの関わりを成長の通り道とするためにどのように取り組んでいけばよいのでしょうか。

1年生は学級という集団のなかにいても、先生と自分との二者関係で考えている子が多いものです。

2学期は、「自分」から「みんな」へと意識を広げていく時期です。

そのために「クラス会議」を活用し、みんなで話し合って決める場をつくります。

「クラス会議」とは、アドラー心理学の考え方を基にした民主的な話し合い活動です。

はじめに、「クラス会議とは何か」「なぜするのか」の説明を簡単に行います。そして、なによりも活動が楽しいものであると思わせます。

「2学期、みんなでもっと仲良くなりたいから楽しいことをしたり、もっといいクラスになるために大事なことを決めたりするとき、みんなの顔が見えるように輪になって会議をしたいのです」

子どもたちからは「会議？　なんだかかっこいい！」「やりたい！」の声があがりました。初めての学習や活動に対し、どんなことをするのかとワクワクしながら説明を聞く姿が印象的でした。

「これから、いすだけで丸をつくりたいのだけど、ほかのクラスは勉強しているし、どうしたら上手にできるかな」と切り出しました。

子どもたちからは、「しずかに」「おさない」な

どが出ました。その後、「どんなことに気をつければいいかな」とたずね、意見はすべて板書しました。

話し合い活動や道徳などで子どもから出た意見はすべて板書しています。それは、発言を含めたその子の存在を認める勇気づけになるからです。

その後、「今、みんなで考えたことに気をつけて丸をつくってみよう」と取り組みました。すきまを見つけ「もっと詰めて」という子もおり、あとで「おかげできれいな輪になったね」と声をかけました。低学年では、できたことや、やろうとした姿を取り上げて驚いたり、肯定的な言葉をかけたりすることが雰囲気をつくるコツです。

輪になったあとは、言われるとうれしくなる言葉を言っていきました。「ありがとう」「いっしょにあそぼう」「かわいいね」「すごいね」などが出ました。温かい雰囲気に包まれた1回目でした。

2回目は、「いい気分になったこと」を言っていきました。「……がたのしかった」「……がうれしかった」といくつか例示しておきました。お昼休みに遊んだこと、生活科で公園に行ったことなどが出ました。友だちのことが出たときには「誰が誘ってくれたの?」と聞き、友だちの名前を言わせました。

最後に聴く心地よさを体験します。うなずいて話を聴いてもらった子が「すごくうれしかった」と笑顔。輪になり、顔を見ながら聴くよさを感じたようです。

クラス会議を始めて数回目、教室に行くと、すでにいすだけで輪になっている1年生の姿があり

ました。まさか自分たちだけで輪になっているとは予想していなかったので、「先生、感激！」と言い、ほめました。クラス会議を楽しみにしていた子が呼びかけたようでした。

いい雰囲気でクラス会議がスタートしました。

クラス会議では、「誰かに感謝したいこと」を言いました。「感謝って何？」の質問には「『……してもらってありがとう』って思ったことだよ」と説明しました。

「○○さんに……」と、友だちの名前と、してもらってうれしかったことを言っていき、言われた人は「ありがとう」とか、「いや～、それほどでも」など反応してほしいことも加えました。「いや～、それほどでも」で返した子で笑いが起き、場が和みました。多くは「一緒に遊んでくれてありがとう」「……を貸してくれてありがとう」でした。「ありがとう」を言ったり聞いたり、友だちの名前を呼ぶと、クラスがなんとも言えない、よい雰囲気になりました。

クラス会議の冒頭で行う肯定的な雰囲気づくりの活動は、子ども同士の相互勇気づけです。

クラス会議の最初の数回は、「輪になって肯定的な感情を交流する」「話の聞き方」「効果的な言い方」「ものの見方は人それぞれ」「解決には勇気づけ」を行います。

これらはのちの話し合いに生きるだけでなく、クラスで大事にしたい考え方です。このように、身につけてほしい価値はきちんと教えます。

クラス会議は、毎日15分程度行うショートバージョンと毎週1時間行うロングバージョンがあ

ります。私は、ふり返りを行うことを大事にしたかったため、ロングバージョンで実施しました。

毎週1回定期的に実施するのが理想ですが、軌道に乗るまでは、教師から「最近こんなことが気になるのですが」と話題を振ります。

たとえば、給食の牛乳パックをつぶして袋に入れることになっているのに、最後までつぶさないままのパックがいくつか出てきたときは、そのことを子どもたちに話しました。問題を課題として教師の方で子どもたちに投げかけるのです。「どうしたらいいかな」と。

本来は子どもが問題だと感じ、課題として話し合いの場に提案することが理想です。しかし、最初はその役を教師が行い、話し合います。

「困ったことを出してもいいんだな」「クラスをよくするためにみんなで話し合うといいな」というサイクルを、まずは何度も経験させることです。話し合い、決めたことは教室に掲示します。自己決定は大きな勇気づけです。大事なことは、

「自分たちでどうするかを話し合った」
「学級をよくしていくためにルールを決める」

ことを子どもたちが体験することです。

1年生の教室に掲示されたものには、
「席を立つときはいすを入れよう」
「牛乳パックは、ぺちゃんこにしてかたづけよう」
「その人がよんでほしいよびかたでよぼう」
「失敗したときは、はげまそう」
などがありました。

動作化とネーミングで意欲を伸ばす

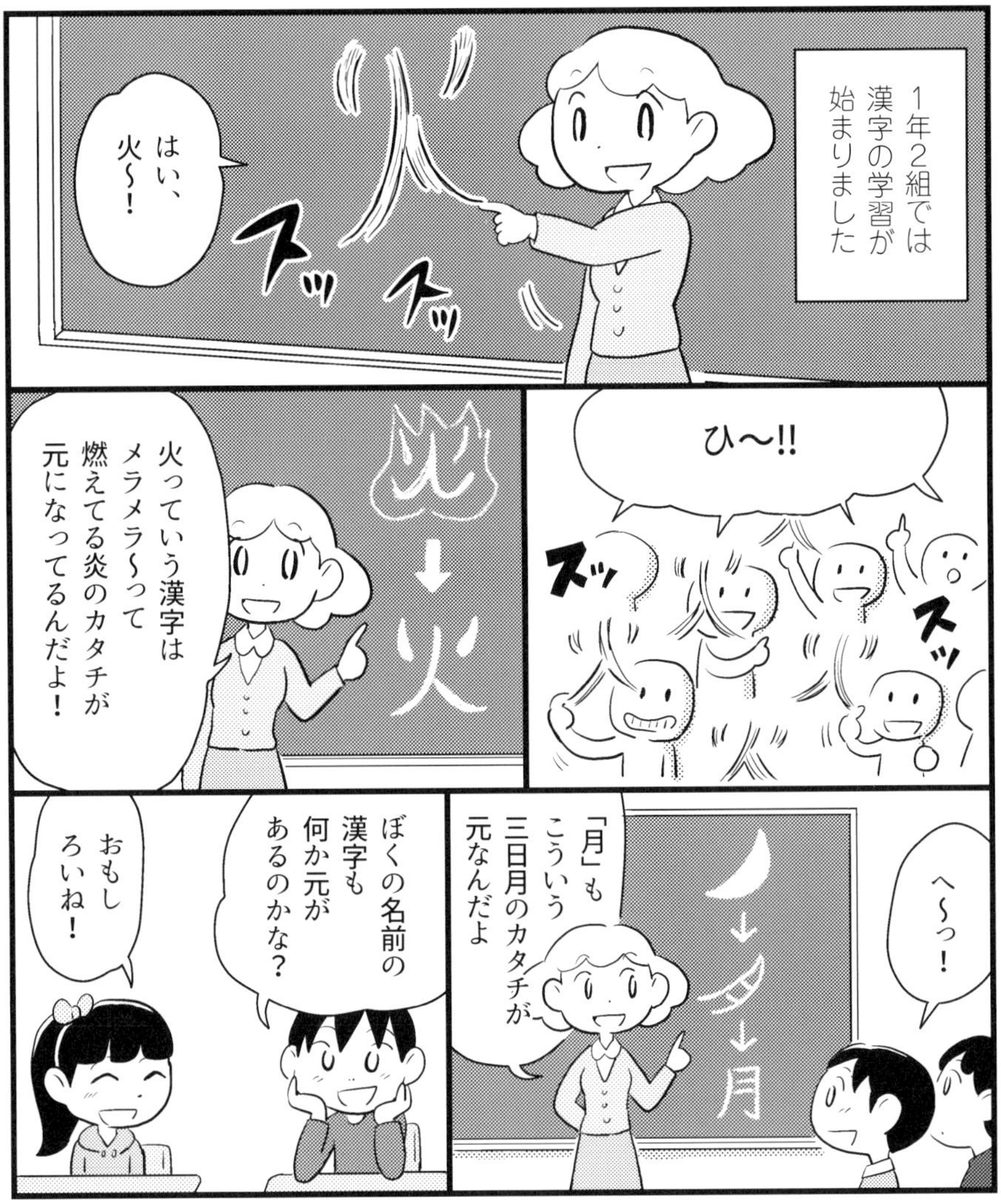

2学期、漢字指導も本格的になり、学習も山場を迎えます。差が広がってしまうのもこの時期です。意欲を失うことなく、学力を伸ばすためにどんなことができるでしょうか。

漢字指導の基本

7月から漢字指導が始まります。漢字は物の形からできていたり、意味を表したりするものがあり、同時処理が得意な子はひらがなより覚えやすいです。

鉛筆を持つ前に必ず行うのが空書きです。子どもに向かい合い、教師が筆順を言いながら空に書く。このとき、教師は利き手と逆の手で鏡になり、書くとよいです。その方が子どもにとって見やすく、手本になるためです。

①指書き

空書きで練習した漢字を、机の上に書く。このとき、必ず画数を唱えさせます。3回書くなど回数を指定するとよいです。

②なぞり書き

漢字ドリルに薄く書かれているところをていねいになぞる練習です。「線をはみ出さないように」「そっくりに」など声をかけます。筆圧がある程度必要です。

③写し書き

手本を見てそっくり写すように書くことです。見て写す力には個人差があります。どうしても形の取れない子、画数を間違う子などがいたら、途中ま

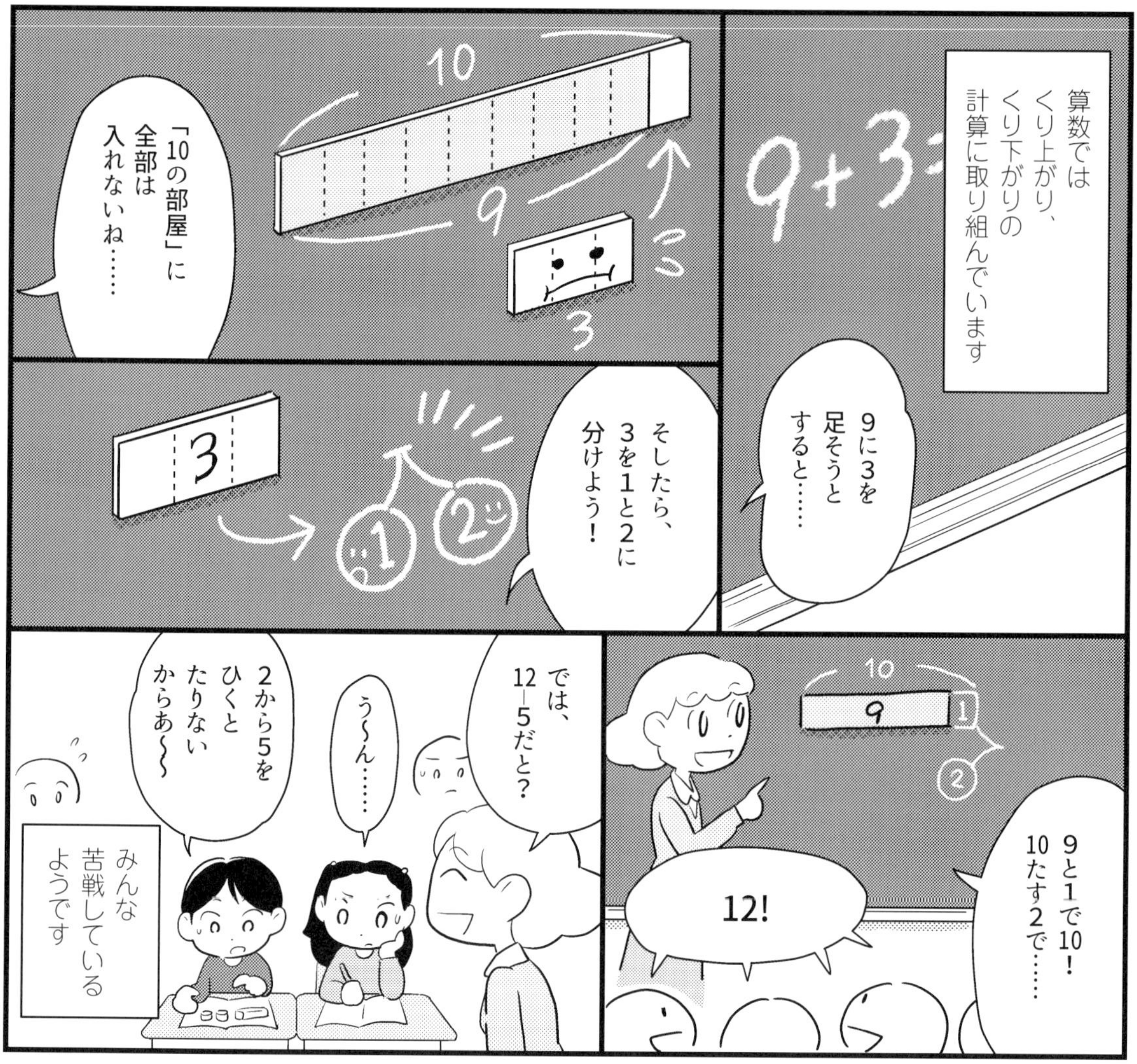

で薄く赤鉛筆で書き、なぞらせることも有効です。

書いた文字をこまめにチェックし、文字ごとに丸を付けることで意欲を切らさないようにします。

この指導順は、ひらがな、カタカナ、漢字すべてに活用できます。

漢字文化や漢字の成り立ち

認知のタイプには、パッと見てわかる視覚優位の同時処理と順序性優位の継次処理があります。子どもによっては、どちらのタイプが得意か偏りの大きな子もいます。

漢字指導は筆順指導と合わせて、漢字の成り立ちを教えると興味をもちます。また、象形文字が多いので、成り立ちのわかるイラストを示すことで絵画的要素として認識させます。

「日」…お日様の形をかたどってできた
「月」…三日月の形をかたどってできた
「火」…炎が燃えて輝いている形
「水」…水の流れと岸辺のさざ波

数のたしひきをイメージするネーミング

2学期の算数では、10を超えるたし算とひき算を学習します。

答えが10を超えるたし算は、たす数を分解し、たす数をたされる数との10の補数に分解するさくらんぼを書きます。たす数、全部は部屋に入れない。あふれちゃった……「あふれたらさくらんぼ」を言葉に、たされる数の下にさくらんぼを書き、計算します。たとえば、9＋3であれば、3を1と2のさくらんぼに分けます。9と1で10、10と

2で12のように計算します。

一方、ひき算も大きな山場です。ひき算には減々法と減加法の2つのやり方があります。子どもが納得し、また、2つのやり方の違いを理解しやすくするイメージのネーミングを紹介します。

最初の2時間は、11−9で減加法を学びます。減加法とは、11を10と1に分け、10から9をひき、残りの1と分けた1をたします。12−9、13−8など、ひく数が大きいときに便利なやり方です。

3時間目では減々法を学びます。11−2のように、ひく数が小さい問題で学習します。ひく数が小さいため、分けやすいです。ひく数の2を1と1に分け、最初にばらの1から取り、その後に10からも1をひくやり方です。2回ひきます。

ひき算で2つのやり方を学んだ子どもたちに、「それぞれのひき算のやり方に名前をつけよう」と投げかけました。

やり方を確認しながら、減加法は10からとって残りをたす、ひいてたすので「バイバイガッチャン」と命名しました。減々法は、先にばらをひき、たりない分を10からもう一度ひくので、ひいてひいての動作から「バイバイ、バイバイ」となりました。子どもたちにとってブロックを取るのは「バイバイ」するというイメージなのです。ここから2回取るから「バイバイ、バイバイ」が生まれました。

減加法は、14−6では、10から6を取る「バイバイ」の後、残った4と14の4を合わせる↓↑が「ぶつかった」「ガッチャンだ」というつぶやきを生み、ひいて残りをたすやり方は「バイバイガッチャン」と名づけられました。

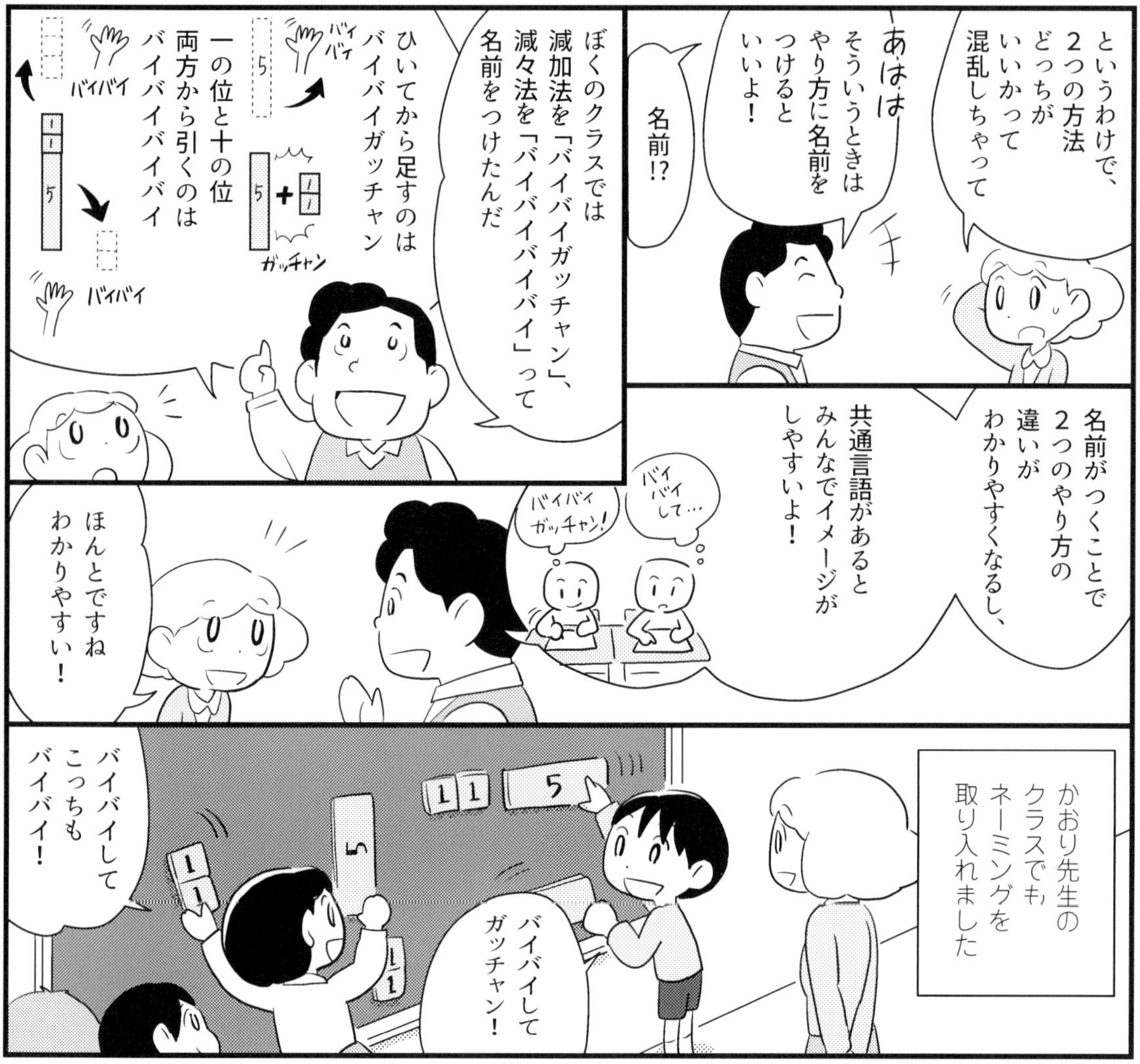

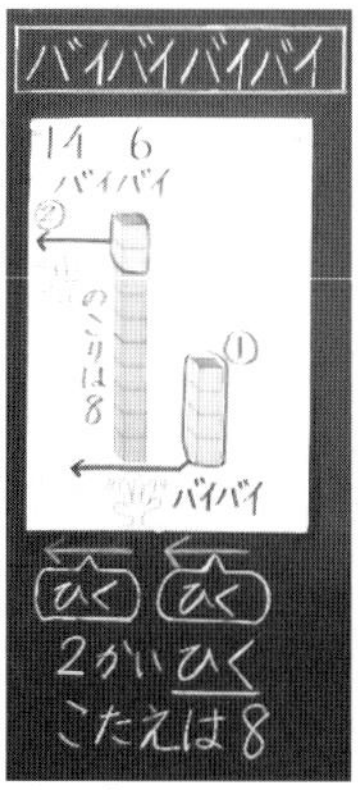

減々法
「バイバイバイバイ」

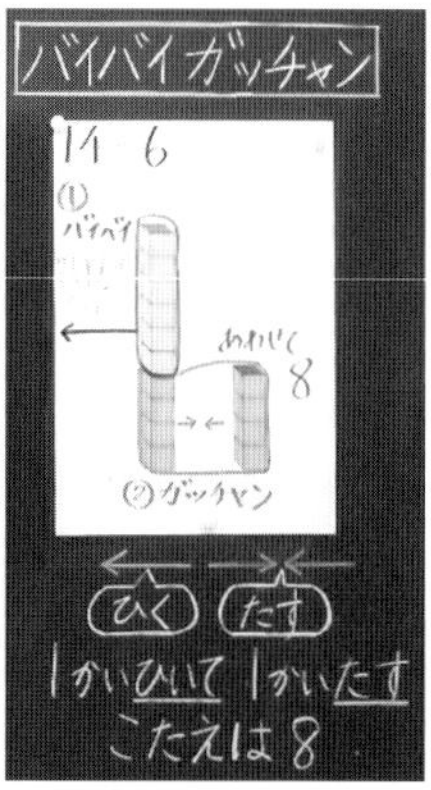

減加法
「バイバイガッチャン」

4時間目は、自分の選んだやり方で答えを求め、友だちの考えを聞いて、自分のやり方と別なやり方を比べ、どちらのやり方でもできることを理解し、違いを考えました。

その前提として、前時までに学習している減加法と減々法のやり方の違いを実感として再度理解させるため、ブロックで操作活動をします。

最後に自分のやり方を紹介し、共有することで、同じひき算の計算でもやり方が2つあること、その違いに気づかせます。

その際、子どもは「私は4ひいて2ひいたからバイバイバイバイでやりました」と発言するなど、動作からやり方をネーミングしたことで子どものなかでひき算の仕方がはっきりしていたとわかります。

ネーミングは、2つのやり方の違いを比較することに有効です。動作を通して思考を促す、子どもとの「共通言語」をもつことがイメージしやすい指示につながるのです。

大きな行事をみんなで乗り越える勇気づけ

大きな行事がある2学期。そんな行事をみんなで協力して成功した、達成したという体験にできるように位置付けたいものです。どのように仕掛けるかを紹介します。

力を合わせてやりきる学習発表会

秋は音楽発表や学習発表会が行われます。これまで学習したことを劇や歌、演奏などを通して発表します。大きな発表の場のひとつです。

そこでめざす姿は何か。私は、次の2つをねらいに定めました。

①小学校生活の様子を伝える内容
②小学1年生としての姿を保護者に見せる

子どもたちに「入学する前に心配だったこと」を聞き、それらをセリフに取り入れ、1年生としてがんばってきた姿を劇にしました。4月から朝の会で覚えたことわざを使い、学んだこと、伝えたいことをまとめました。

- 登下校は近道せず歩く→「いそがばまわれ」
- 百人一首で負けても、また、次にがんばればいい→「すきこそものの上手なれ」
- 「先生、トイレ」「先生はトイレではありません」→「失敗は成功のもと」
- 休み時間はめいっぱい遊ぼう→「時は金なり」

・大縄跳びになかなか入れない。失敗しても挑戦しよう→「七転び八起き」
・給食は好き嫌いせず食べよう→「腹が減っては戦ができぬ」

1年生には日頃から「普通の1年生ではなく、スーパー1年生をめざそう」を合言葉に、いろいろなことにチャレンジできるよう励ましの言葉をかけてきました。少しでもチャレンジしようとする姿、自分のことだけではなく、友だちのことも考え、動いた姿などは価値あることとして「スーパー」と位置づけてきました。

そのような日常指導と関連させた内容を発表に位置づけることができると、指導時間や子どもの負担もそう大きくありません。

最後に「これからもモリモリがんばります！」のセリフのあとに当時流行していたダンスを踊り、発表を終えました。

堂々とした姿、動きを付けたかわいらしい姿が保護者や地域の方々には好評でした。子どもたちも満足感でいっぱいでした。みんなでひとつのことに向かって、がんばり、よい発表ができたという満足感を味わわせることが成長につながります。

音楽でも劇でも、学校生活や学習の様子がわかるもの、かわいらしく、堂々としていることを意識して構成するとよいと思います。

また、この季節に運動会を行う学校でも、ひとつの行事に向かって、みんなでがんばって成功したという経験を積むことに、行事やそのための練習を位置づけたいと考えます。

個人戦をみんなで乗り切るお守りとカード

秋はマラソン大会があります。全校で休み時間に練習する機会を設けたり、カードを活用し、走った距離を色塗りしたりすることで動機づけ、自分のめあてに向け、最後までやり抜くことができるよう働きかけます。

1年生は基本的に体を動かすことが好きな子たちが多く、マラソン大会の練習が始まり、音楽がかかると、うれしそうにグラウンドに出ていく子が大勢いました。大勢がそうだと、走るのがあまり好きではないという子もなんとなく流れに乗り、一緒に練習をすることができます。何かに向かってみんなでがんばる雰囲気をつくることが大切です。

そのためには、個人で目標を決め、そこに向けた取り組みを励まし続け、コツコツがんばらせていくのはもちろんですが、1年生で大事にしたいことは、取り組むことを嫌いにさせず、みんなでがんばろうとする気持ちをもたせることです。

マラソン大会というと、いやなイメージをもつ子もいるでしょう。練習を始める頃、マラソンは誰かと競争するのではなく、苦しくても負けない気持ちをもつ、自分がライバルだと語りました。

練習で走ったグラウンドの周回数を色塗りするカードは、努力が積み重なるのが目に見えます。走ったことを毎日ねぎらい、ほめ続けました。担任も一緒に走りました。そのうち、昼休みも走る子が出てきました。それを見つけ、自分から進んで努力したことを大いに認めました。

また、色を塗るカードを拡大し、クラスみんなの走った数を合わせて塗りました。そして、日本

のどこまで行けるかという掲示物をつくると、共通の目標にもできます。

マラソン大会当日の朝は、子どもたちはどこかそわそわしていました。保護者も応援に来ることとなっており、緊張もあったのでしょう。

そんな子どもたちに、朝の会で手作りのお守りを渡しました。子どもたちは大喜びでした。落としてしまわないかと思い、直前に渡そうと思ったのですが、緊張を和らげるため、朝、渡しました。

渡しながら、「これは効くよ」「苦しくなったらお尻のポッケを触ったり、お守りを握ったりしてね」と勇気づけをしました。

その年は、自己ベストが8割。大会新記録が2人。お守りは大成功でした。

走り終わった後、「お守りが効いたよ」「がんばれた」の声。なかには「来年も、これを持って走る」などという声まで聞かれました。

Aくんは自分のレース後、6年生に「これ、貸してあげるよ」とお守りを貸していました。自分のことだけでなく、他の学年のことまで考える、その気持ちがうれしく、ほほえましい姿でした。

練習中はふらりふらりと走っていたBくんも、お守りの効果か、気持ちが入った走りを見せてくれました。

「みんなで一緒にがんばろう」「同じお守りを持つ、みんな仲間だ」と思って取り組めるかどうか。

緊張したり苦しかったりする大きな行事も、ちょっとしたことでも子どもを勇気づけ、やる気を引き出すのは教師の工夫次第なのです。

荒れる時期を乗り越える

2学期の中間地点でもあり、1年を折り返した直後でもある11月。この頃は、学級が落ち着かなくなってしまう可能性が高まります。この時期、どんなことを大事にするとよいでしょう。

「魔の11月」という言葉を聞いたことがありますか。11月は6月と並び、1年間で集団が危うい状況になりやすい時期と言われています。

10月下旬から11月上旬は、大きな行事も終わり、私たち担任にとってどこかホッとする時期です。一方、研究授業などで忙しくなり、子どもに目を向ける余裕がなくなりがちです。

11月は個と集団を見直し、協力したり、助け合ったりする活動を意図的に実施します。

質問紙から個と集団を見直す

この時期に質問紙調査を活用し、それに基づいた教育相談を行います。

1学期の教育相談では、その子との関係をつくることに主眼を置きました。その子の楽しみや得意、困っていることを知り、教師がその子とつながりたいと思っていることを伝えるように意識しました。

2学期は、困っていることはないか確認すると同時に、「あなたのここが素敵だよ」「あなたのここが大好きだよ」とわかりやすく伝えます。教室に絶対的な安心感を得られる存在がいることで、安心して活動や友だちとの関わりを広げていける

（コマ内セリフ）

実は昨年受け持ったクラスが……

この時期に学級崩壊一歩手前まで行ったんですよ……

（出歩かないで！／静かにして！）

そうだったんだ……

今年のクラスはそんなこと起きないと思いますが……

学級崩壊を未然に防ぐには気になる子のケアもだけど、困っている子のサインをキャッチすることが大切だよ

「Q-U」を使ってみよう

（河村茂雄『楽しい学校生活を送るためのアンケートQ-U』図書文化）

Q-U？

これは「学級満足度尺度」と「学校生活意欲尺度」を測る「楽しい学校生活を送るためのアンケート」だよ

やる気のあるクラスをつくるためのアンケート
1. あなたのクラスの人たちはあなたに声をかけてくれたりくれたりしますか。
　とてもそう思う／少しそう思う／あまりそう思わない／まったくそう思わない
　4・3・2・1

からです。

なかには、「友だちにいやなことを言われた」「いやなことをされた」と感じる気持ちの子もいます。そのような子には困っていることやネガティブな感情を聴き、十分に寄り添います。

そのうえで、子どものタイプに合わせて、「先生はこう思うけど、どう？」「こういう方法もあると思うけどな」「あなたならきっとできると思うよ」など、その子を勇気づける言葉かけができる教育相談をします。

前述しましたが、子どもたちを理解する客観的資料のひとつとして「Q-U」という質問紙があります。

「Q-U」は河村茂雄氏が開発した「楽しい学校生活を送るためのアンケート」です。子どもたちの学級生活での満足感や意欲、学級集団の状態を質問紙によって測定し、「学級満足度尺度」と「学校生活意欲尺度」を図ることができます。12個の質問から、承認得点と被害得点を出し、次の図のように位置づけられます。

担任が見えている子ども像と、そこの自身の認識とのズレを見つけ、集団づくりの現在地を把握

	承認得点	
被侵害得点	侵害行為認知群	学級生活満足群
	学級生活不満足群	非承認群

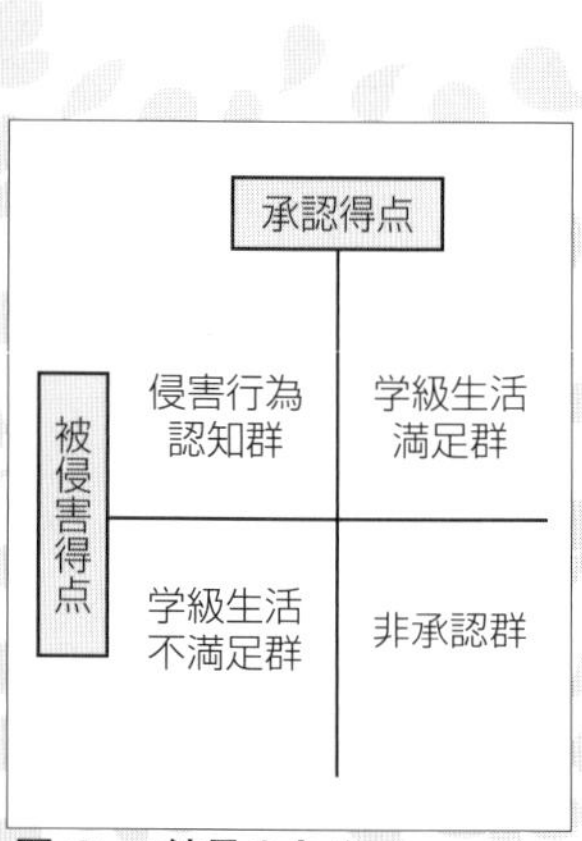

図 Q-U結果まとめ「学級満足度尺度」
（河村茂雄『Q-U』図書文化より）

わっ……けっこうふみ込んだ内容ですね
うちのクラスの子たちに回答できるかな？
1年生はその日の感情で答えちゃうこともあるけど、ひとつの指針にはなるよ
承認得点
問題ナシ
学級生活満足群
クラスでいやな思いをしている
侵害行為認知群
・他の子どもたちとトラブルを起こしている可能性が高い子
・被害者意識の強い子
被侵害得点
自信がない
非承認群
学級生活不満足群
優先
トラブル
これを使って、左下の「不満足群」に当てはまった子から優先的に話を聞くようにしてごらん
はい……！
とはいえうちのクラス……

する資料として活用します。

図の左下にいる子は、学校生活に満足していない子です。ここに位置した子を優先的に、教育相談を行います。今、何か困っていることはないか、話を聴きます。不満足群に位置した子は、友だち関係でのトラブルを抱えている場合があります。

見取りとあわせて、必要に応じ、事実確認と対応を行います。

いじめや不登校につながることのないよう、子どもが困っていることを見逃さない材料にします。

左上は、「関わりのなかで侵害行為を受けている」、右下は、「自分は認められていない」と認知している子たちです。

1年生は、その日の出来事や感情に左右されて、回答してしまうこともあります。話をよく聴き、いやな思いをしていれば取り上げて、どうなってほしいのか、どうしたいのかを一緒に考えていきます。

右下の非承認群に位置した子は友だちとのトラブルはないものの、承認得点が低く、自分に自信のもてない子、自分のよさに気がつかない、受け入れられない子です。その子のよさが伝わるように伝え続けることが必要です。また、友だちからの励ましや温かいメッセージなど、子ども同士のつながりを多くしていくことが求められます。

こうした質問紙の結果や日々の見取りから、担任からは満足しているように見える子が、満足群以外の場所に位置づくこともあります。教師の見取りと合わせ、その子が今、そう感じていること

を知り、次の対応に生かすという視点をもちたいものです。

あわせて気になった結果の子の兄弟についても考えてみましょう。兄弟関係から見えてくる、その子へ声掛けや手だても考えられます。

たとえば長子であれば、もっと他者への貢献感が高まるよう係活動の見直しを考えたり、中間子であれば、もっと他者へのその子を見てほしいというサインの表れと捉え、私自身とその子の関係性を見直すきっかけにしたりできます。

グループワークやゲームで協力体験を

学級活動を中心に4人班で協力して課題を解決する活動や、チームで合計得点を競うようなゲームを行います。

前者には、学校グループワーク・トレーニングがあります。1年生では、4人で指示書通りに色を塗り、絵を完成させる活動がおすすめです。

時間内に課題を解決するまでに「話をよく聴く」「順番を守る」「自分に配られたカードは見せない」といったルールがあります。それを守り、協力し、課題を解決する経験をするワークです。活動後は、自分の行動と班の誰のどんなところがよかったかをふり返ります。

また、じゃんけんや間違い探しなどで得た得点を4人班で合計し、競うようなゲームを行うと、自分以外の他者に関心をもち、応援したり、勝つために作戦を立てたりするようになります。

仲間と一緒に楽しむ活動をしながら、集団のルールを身につけさせたい時期です。

授業で関わりを広げる

子ども同士の関わりが広がってくると気になることも出てきます。仲間との関わりについて見直すと同時にクラス外の関わりへも広げていきます。

関係を言葉から見直す

子ども同士の関わりが増えると、言葉づかいが気になります。そこで、道徳の授業を行います。

子どもたちに「これまで人に言われていやだった、傷ついたという言葉はありますか」と聞き、出された言葉を板書します。ひと通り出た後、みんなで読みます。

このとき、「それを読むと、すごくいやな気持ちになる人は無理に読まなくていいですよ」と声をかけ、いやな言葉を無理やり口に出さなくてもよい配慮をします。

「読んでどんな気持ちがしましたか」と聞き、感情を出させます。子どもは、「いやな気持ち」「ムカつく」「イライラする」「学校がいやになる」と答えました。「言われていやな言葉を『チクチク言葉』、言われるとうれしくなる、元気になる言葉を『ふわふわ言葉』」と教えます。

次に、言われてうれしくなる、元気になる言葉を出させます。

同じでも全員に発表させます。どちらの言葉も出し合った後、「もし、チクチク言葉ばかりのクラスだったらどうなりますか」と考えさせます。ここでは少し時間を取り、発表させます。結末を

予測させることは、先を想像する力を育てることになり、1年生でも大切だと考えます。

「いじめになる」「いやなクラス」「最悪」など子どもたちから出たことを確認しながら、次も聞きます。「ふわふわ言葉がたくさん聞こえたら、どんなクラスになるでしょう」。子どもたちは、「いいクラス」「なかよくなる」「ほめられる」「楽しい」と答えました。

最後に、私たちはどちらのクラスをめざすかを確認します。

少し間を置き、挙手で確認します。もし全員が賛同しなくても、多数が「ふわふわ言葉」であふれるクラスがいいと考えていることを確認できればよいのです。「人をうれしくさせる言葉、元気にさせる言葉を増やそうね」と締めくくります。

授業のあと、「ふやそう　ふわふわことば」の掲示を作って意識づけを図ります。

日常で使う言葉をよく聴き、「ふわふわ言葉だね」「うれしくなるね」と価値づけます。使う言葉ひとつで関係や雰囲気がつくられることを実感として理解させていきます。

また、友だち同士で悪口や心ない言葉を言い合い、トラブルになることもあります。

担任に訴えてきたときは、まず、双方から話をよく聞き取ります。相手がしたことだけを一方的に話したり、感情的に話したりする子もいますが、子どもの言葉を確認しながら状況を把握します。ホワイトボードなどを利用し、状況といやだったという感情を言葉や絵でかくとよいでしょう。

かいたものを囲み、いやな思いをしたことへの理解を示した後、双方に「どうしたらよかったのか」を問い、考えさせます。

「『ごめんね』って言おうね」という指導もあるでしょう。しかし、「こうしてね」と行動を指示するのでなく、相手の感情を知り、自分の言動をふり返り、その後の言動を自分で決めるような選択をさせていきたいと考えます。

他者意識を広げる活動

秋は、春に植えたサツマイモを収穫します。いも掘りは楽しく、図工で絵を描かせるよい題材になりますし、おいしく食べることができるのでおすすめです。

生活科で畑を耕す、苗を植える、草除けのマルチを敷く際、「畑の先生」を募集すると祖父母の方々が協力してくださいました。生活科の活動は、学年だよりなどを通して活動の様子をこまめに知らせたり、ボランティアで協力を呼びかけたりしながら進めていくとよいです。

収穫後、お世話になった祖父母の方々をお招きして、サツマイモパーティを開くことにしました。話し合いで、「おうちの人に喜んでもらいたい」という意見が出て、一緒にゲームや出しものをして楽しむパーティーにしようと子どものアイデアを生かす形で決めました。

子どもたちと保護者ボランティアによる調理では、子どもたちに上手に調理をさせてくれ、自分たちで調理したと満足げでした。自分たちでできたという実感をもたせるように仕組むことは大き

な勇気づけです。子どもたちが考案した出しものやお笑い、クイズで一緒に笑い、楽しみました。

　子どもの「楽しいことをしたい」「人を喜ばせたい」という気持ちを感じ、司会やはじめの言葉、ゲスト紹介、ゲーム係を子どもたちに任せました。他者意識を取り入れたことで、子どもが、ぐんと成長します。

　また、地域の保育園に出かけ、交流会を行うこともできました。

　劇は学習発表会での経験を生かし、人前での発表をいやがらない雰囲気ができ、成長を感じました。

　ここで大事なことは、事前に「何のために保育園に行くのか」を考えさせ、目的をもたせて交流会の準備を始めたことです。

　「保育園の子に学校のことを教える」「仲良くなる」「優しくする」と子どもたちから出た目的を共有し、準備を進めます。

　子どもたちと話し合い、年長児に小学校のことを伝える劇とダンス、一緒に楽しめるゲームを行いました。

　ゲームでは、自分から保育園の子を誘っている姿が見られました。交流の様子を見取り、途中で声に出してほめると、1年生同士で楽しんでいた子たちも気づき、年長児を誘いはじめました。適切な行動はすぐに指摘し、勇気づけることです。

　普段は自分たちのことを中心に考えて生活している1年生も、地域の方や保育園児との交流を行うことで他者意識をもてるようになります。

子どもの成長をフィードバックする

2学期も保護者と個別に話す機会があるでしょう。この時期の懇談では、入学してからの子どもの成長やがんばりを具体的なエピソードを交えて伝え、保護者と共有する時間にします。

基本はよさのみを伝える

春の個別懇談が保護者との顔合わせだとすると、秋の個別懇談は、1学期よりも成長した子どもの姿を伝えることが主な目的です。

仕事をやりくりし、わざわざ足を運んでいただく保護者の気持ちを考え、「来てよかったな」と思っていただけるような時間にします。

間違っても「とてもいいお子さんで、とくにお話しすることはありません」と笑って済ませることのないように、準備をして臨みましょう。

環境面でできる工夫としては、空き教室に暖房を入れるなどし、待合場所をつくっておいたり、1回目と同じく、教室前廊下に子どもの作品やカードなどを掲示し、学校での活動の様子を伝えたりすることが考えられます。

また、廊下に写真が自動的に流れるデジタルフォトメッセージを置き、普段の様子をご覧いただくという工夫もできるでしょう。

情報を集め、伝えるひと工夫

限られた時間にお伝えしたいことは、その子の成長のエピソードとそれに対する担任のプラスの評価言です。

通知表の所見を口頭で伝えるイメージです。できるようになった事実はもちろんですが、取り組みの過程で努力していたところ、できている部分について注目し、伝えるようにします。

漢字がすべて書けるようになっていなくても、「漢字に興味をもち、体を動かすことを楽しみながら空に指で書いていた」というようにです。

また、達成の度合いだけでなく、友だちとの関わりでの優しい言葉かけのエピソードや、友だちを励ました、友だちのために動いていたなどの行動についても知らせることができるとよいです。

体育のドッジボールで、「自分がボールを取ってもすぐに投げず、まだ投げていない友だちにボールを渡していた」というようにです。

子どもの様子を見取り、保護者に伝える材料集めを兼ねて、普段私が行っているのは、付箋紙を持ち歩き、見聞きした子どもの言動をすぐにメモすることです。

子どもが帰った後の放課後、1日をふり返りながら記録を書いているという同僚もいます。

しかし、放課後は会議や部活動の指導などが入ると、なかなか教室でじっくりふり返る時間が取れないこともあります。そこで、1日のうち見聞きしたことをその場ですぐにメモするようにしています。簡単でよいのです。後で思い出す手がかりになるように名前と言動をメモし、ためておきます。

これを行っていると子どもが他の子の言動を知らせてくれたり、同僚が教えてくれたりすることもあります。それらの情報を加えることもで

きます。

保護者との面談の前にそれらの付箋紙を見返し、整理します。そして、その中から具体的なエピソードと成長を話すようにしています。子どもの成長に肯定的な感情を伝え、保護者と成長を分かち合える時間にします。

ノートやふり返りカードを見せながら

個別懇談前に国語や算数のノートを集めておき、それを使って懇談を行います。実際にノートやカードを見せながら、授業中の子どもの参加態度や発言の様子についてエピソードを交え、保護者に伝えるとより具体性が増します。

また、余裕があれば、行事や班活動中に撮っておいた写真を何枚か見せながら様子を伝える方法もあるでしょう。

折に触れ、一筆箋で伝える

2学期に個別懇談がない学校もあるかもしれません。また、子どものよかった言動や成長をその日のうちに、間を置かずにどうしても伝えたいということもあるでしょう。

そのようなときは、一筆箋（付箋紙も可）に伝えたい子どもの良さや成長を書き、「おうちの人に見せてね」と連絡帳に挟んで持たせます。

1年生の保護者は、毎日連絡帳を見てくださる方がどの学年よりも多いです。帰宅し、連絡帳を開くと入っていた一筆箋にわが子のよさや成長が書かれていたら、きっと勇気づけられるのではないでしょうか。

1年生の担任は、子どもを勇気づけると同時に保護者を勇気づけることも大きな仕事です。

初めての子育てで悩んでいる方や学校生活に対しての適応に不安を抱いている方もいらっしゃるかもしれません。そういった方はとくにできるだけこまめに連絡を取るようにします。

一方、書く時間の捻出や伝わりにくさなどを考慮し、電話でお伝えする方法もあります。学校から電話がくるというと発熱、けが、トラブルのときと思われがちです。

しかし、学校から電話が来るのは悪いことだけではないということを保護者に感じていただけるよう、よかったときも連絡を入れるような対応ができるとよいと考えています。

いざというときに、「あの先生が言うのだから」と味方になっていただけるよう、日々誠実に対応していきたいものです。

COLUMN

1年間を生き抜く〈3〉

1年間は短いようで長いものです。楽しい時期もあれば、苦しい時期もあるでしょう。自分で自分をメンテナンスし、勇気づけることです。

外の空気を吸い、刺激を得る

私たち教員には官制研修が用意されていますが、民間の研修会にもおもしろいものがあります。可能な範囲で、時には外の研修会に出かけてみてはどうでしょうか。そのメリットは何でしょうか。

一つは、具体的な実践例が得られ、実践を支える考え方や原則を学べることです。

自分の力量や子どもの実態に合わせて得たものを教室で実践してみます。

実践しながら、自分が大事にしたいことが明確になってきます。そうすると、選択する方法も絞られますし、アレンジの観点も出てきます。同じ活動でも「教師と子どもの関係をつくるために行う」「子ども同士の関係づくりのために行う」など目的により、やり方や自分自身のあり方を決めていくことができます。

また、考え方や原則を知ることは自分の実践をふり返ることにつながります。

もう一つは人と出会うことです。研修会に行くと素晴らしい実践家や、悩みながら子どもたちのことを考えて真摯《しんし》に実践を重ねている仲間に出会います。刺激を受け、自分の持ち場でがんばろう

と気持ちに活を入れて帰ることができます。こうして時には日常に刺激を入れることです。

自分で自分を勇気づける

1年間のなかには浮き沈みがあります。自分の苦手な時期をつかみ、そのときは無理をし過ぎないことです。新しいことに挑戦しようとするより、ペースをセーブし粛々と仕事をします。

セーブするだけでエネルギーがまた蓄えられるものです。このリズムは、毎月のなかにも応用できるでしょう。落ち込み気味のときは、成果を焦らず、特別な実践ができなくても子どもが急に変わらなくてもよしとし、日常を積み重ねることにのみ集中します。

「疲れたら休む」。ごく当たり前のことです。休むことは決して悪いことではありません。

無理を重ね、突然止まってしまうより、疲れ切る前に気持ちをゆるめ、休息をとります。どうも乗らないなあ、子どもたちとのやり取りがうまくいかないなあと感じたときは疲れているのかもしれません。そんなときには自分に優しくし、ゆっくり眠れば体も気持ちも元気になるかもしれません。休みをとることを「お互いさま!」「ゆっくり休んでね」と言える同僚や職場でありたいし、休める自分でいたいです。

どこでエネルギーを蓄え、不足を補うか、そういった自己メンテナンスが大切です。

自己メンテナンスとは自分で自分を勇気づけることです。自分をかわいがる、自分を肯定する。それができる教師こそ子どもたちの前に機嫌よく立つことができるのです。

自立期編

少しずつ手を離し、見守るリーダーシップへ移行する

3月のゴールを意識するこの時期は、入学してからの自分の成長を子どもが自覚できるような授業を行っていきます。いくつか実践例を紹介しました。「たくさんの人たちのおかげでこんなに成長した」という気持ちをもてるような手だてをとりましょう。

この時期は、係活動の工夫や話し合い活動で決めたことを実行し、自分たちで動く場や時間を経験させます。「育てる」ことを意識し、必要なことは教え、試す、やがて子どもに委ねる部分を増やすというイメージです。

子どもたちを信頼し、勇気づける教師のあり方を通して、自分たちのことは自分たちで決める子どもや学級をつくり、学校や社会、自分を信頼する子どもへと育て、次年度に送り出すのがこの時期なのです。

授業で関わりを促す

3学期は、これまで以上に友だちと関わりながら学ぶ機会をつくります。そのなかで時にはもめたり、折り合いをつけたりしながら成長できるような授業を構想します。

図工　版画で協同作品と相互評価

3学期の図工は、版画遊びがあります。模造紙に、班の友だちと一緒にローラーを転がしたり、家から持ってきたカップやスポンジをペッタンと押したりして造形遊びを楽しませます。途中から手や指にインクをつける子も出てきます。一緒に押したり、転がしたりしながら友だちと楽しんで活動できます。

模造紙にローラーを転がした後、最後に自分や友だちを描いて付け足します。グループで協力し、作品をつくる過程を楽しめます。何をどこに加えるか話し合い、決めていきます。

個人の版画遊びでは、教室をミニギャラリーにし、完成した自分の版画のよくできたところを伝え合う「版画自慢大会」を行います。

「どうぶつがうまくできた」「スチレンをほるのをがんばった」「ローラーで海のようすが出せた」と子どもたちは自分のがんばったところをみんなに伝えました。

最後に、お互いに作品をじっくり見て、素敵なところをカードに書きます。友だちからのメッセージを読み合うと温かい雰囲気が生まれます。

国語　お店やさんごっこで対話

国語で「おみせやさんごっこ」を行います。まず、どんなお店を開くかをペアまたは班で決め、商品やポップを作ります。

そして、お店やさんとして、お客さんとのやりとりの仕方を考え、練習します。最後にお店を開きます。時間が来たらお客さん役と交代し、両方を経験します。

「ていねいな言葉で話す」「よくわからないときは聞き返す」など、自分たちで決めたことを意識して話したり、聞いたりしながら大勢とやりとりをくり返すことができます。

学級活動　調理員さんを招待

1月末の給食週間の機会に給食調理員さんや栄養士さんなどを教室に招待し、会食を計画します。普段はなかなか関わることのできない方との交流は関わりを広げる経験になります。

会食の途中で質問タイムを設けます。あらかじめ聞きたいことを話し合っておきます。好きなメニュー、この仕事を選んだわけ、仕事で大変なことなど質問をし、自分を支えている身近な大人の対話が可能です。

会話に加え、一緒にゲームをして楽しんだり、感謝の手紙を渡したりすることもできます。

「お残し0大作戦」「あとかたづけグッド大作戦」と命名し、いつも以上に残さないよう、食器や箸をきれいに返す、相手意識を明確にした取り組みもおすすめです。

生活科　2年生の「遊びランド」で大満足

2年生が生活科で作った「遊びランド」に1年生を招待してくれることがあります。2年生と触れ合うことで関わりの広がりが期待できます。

プリンカップやラーメンのカップ、肉のトレイなどの集めた物や磁石、新聞紙を使って遊べるお店が並び、魚釣りやエアホッケー、空缶ボーリング、的当てなどの手作りランドで楽しみます。

捨てるはずの物でも、たくさん集めたり、ちょっと工夫したりすると楽しい遊び道具になるという「先輩」の腕を実感します。この経験が自学級の係活動のアイデアにつながることもあります。

翌日、2年生にお礼の手紙を書きます。「来年は自分たちでもやってみたい」という子がたくさんいました。2年生になる楽しみや期待がもてることは大きな勇気づけです。

体育　一緒に楽しむ同時とび

低学年のとび箱は、「とび箱遊び」です。いろいろなとび上がり方、とび降り方などを楽しみながら行います。

単元のまとめに一人一人が技を発表し合います。発表会をすることを告げ、目的をもって練習をします。当日は、開脚とびの6段をらくらくとぶ子、とび箱代わりの厚いマットの上で前回りをする子、回転しながら降りる子とさまざまでした。

発表に向けた練習の過程では、うまくとべずにいた子がいました。何度か一緒に練習したあと、みんなを呼んで、見てもらい、アドバイスをもらう姿が見られました。「ふみきりでトンッと強くふ

む」「手をとび箱の先につく」「手で体を支える」など、子どもたちなりのアドバイスがたくさん出ました。そばについて一緒に練習する子もいました。何度も練習し、とべるようになり、一緒に喜びました。技のみんなで学ぶと楽しいと実感させる活動にします。

　また、技の発表を見合いながら、友だちの技に拍手を送ったり、まねしたりして、他の友だちのよさを取り入れている姿も見られました。

　友だちとペア（またはトリオ）で作戦を立て、タイミングを合わせて一緒にとぶとび方をして締めくくることも楽しいです。

生活科　年長さんの体験入学で交流

　2月に、来年の1年生が体験入学に来ることがあります。その時間に新1年生と交流します。

　何をしたら新1年生が喜ぶかを話し合い、活動を決めます。顔と名前を書く、学校案内、子どもたちが考えた学校クイズ、鬼ごっこ（氷おに、色おに）を行いました。

　1時間ほどの交流でしたが、新1年生のことをよく考え、優しく言葉をかけたり、手をつないで学校を案内したりする姿が見られました。

　学校クイズでは、学校の特別教室やどんな勉強をするか、行事の様子について絵を描き、紹介しました。対象が新1年生と相手意識を明確にすることで「場所がわからないと困るから」「勉強でやることを知りたいから」と相手の立場に立ち、考えることができます。進級に向け、1年生の大きな成長を感じる活動です。

工夫とやりがい！係活動を活性化

大きな行事も落ち着き、進級に向け、落ち着いて学校生活に取り組んでいる時期です。当番活動だけでなく、係活動を活性化させ、学級生活をより充実させせます。

当番活動と係活動の違い

掃除当番、給食当番に代表される当番活動は、毎日誰かがしなくてはならない仕事です。すべきことがある程度決まっています。

一方で係活動は、学級生活の向上をめざして行われる「自治的」な活動です。あってもなくてもよいものですが、あると学級が充実し、より楽しくなります。

この違いをふまえ、1年生のスタートは、まずは決まった当番活動を責任をもってやり遂げることからで十分です。

それらが軌道に乗ったら、自分たちで工夫して取り組むことを決める係活動に移行していきます。

当番活動から係活動へゆるやかな広がり

当番活動は自由度を下げ、誰が何をするか役割を明確にし、一人一役になるように行います。どの子にも平等に機会を与え、責任感と学級への貢献感を養うためです。

最初は、朝のあいさつや「いただきます」「ごちそうさま」、黒板を消すことなどは担任が行っていました。

4月下旬、黒板を消していると、「私もやりたい」と言う子がいました。「じゃあ、お願いしていい？」と言うと、何人かが喜んで消してくれました。

そこで、毎朝集めていた連絡帳を配ることも、掃除が早く終わって戻ってきていた子たちに「お手伝いしてくれる人？」と言うと、喜んで数人来てくれました。

そのような姿をほめ、やりたい気持ちが出てきた頃に当番活動を導入します。

> 学級が毎日スムーズに動くようにみんなで仕事をしていきませんか？ ずっと月曜日のままだったら困るよね。たとえば、黒板を消す、配る、曜日を変えるなど、こんな当番があるといいな。

あらかじめ考えておいた当番を板書し、「ほかにももっとこんな仕事があったらいいなというものを教えてね」と意見を求めました。

経験が少ないため、難しかったと思いますが、何人かが答えました。子どもたちのやりたい気持ちを尊重する形で「お知らせ」「号令」など、出た意見を当番にする形で開始しました。

はじめた頃は、係と当番の違いを明確にはせず、当番活動をゆるやかに広げる形で創意工夫や学級を楽しくする内容の視点を入れて係活動へ変えていきます。

毎日行う当番活動に加える形で、どのような係があると学級がもっともっと楽しくなるかと投げ

かけました。

　運動係やマッサージ係、お笑い係、クイズ係、なぞなぞ係ができました。

　運動係は、曜日を決めて「みんなで遊ぼう」と呼びかけていました。自分から「遊ぼう」「入れて」と言えない子もいるので、友だちが声をかけることにつながるよい係でした。

　マッサージ係は、疲れている人をマッサージすると決め、帰りのしたくが終わると「マッサージしてほしい人？」と活動をしていました。

　2年生になると「お笑い会社」「ニュース会社」などをつくり、自分たちで考えて人を喜ばせたり、楽しんだりしようとする姿も見られ、係活動らしく発展していきました。

　1年生で大事なのは、「みんなの役に立つ」「自分たちで考えてできる」体験を少しずつさせていくことです。

　これまでの経験だけでなく、2年生や3年生がしている係活動を聞いてみることもできます。

係活動のポイント

　1年生を見ていると、何の仕事の担当になってもきっちりこなす子やひと工夫までする子と、忘れがちな子とにはっきり分かれます。

　どの子にも責任をもって仕事をしてほしいと思い、終わったら裏返すネームプレートを作り、誰が終わったかを見える化するシステムを作ることもおすすめです。

　また、帰りの会に「係からのお知らせ」を設け、活動の内容を報告し合ったり、教室の一角に「係

コーナー」を作ったりし、時間や場所を確保することもひとつの手です。場所を確保したとたん、折り紙であれこれ作り、「飾ってもいいですか」と活動が盛り上がったことがあります。

　また、朝活動や学級活動の一部を活用し、係活動の時間をとることも有効です。

　自治的な集団をめざす素地として活動時間を保障し、準備し、やってみて自分が楽しかった、誰かに喜ばれたという経験を積むことが大切です。

　一生懸命にやっている子やよく働く子、人のために動く子を見逃さず、「ありがとうね」「楽しい活動になったね」「きれいにしてくれてうれしいよ」などと声をかけ、貢献することや他者を喜ばせることに自分の喜びを感じる素地を養いたいです。

　活動を定期的にふり返り、みんなから喜ばれる活動ができたら花丸を1つ増やすなどのシステムを取り入れると活動意欲が高まります。

成長を自覚できる活動を

1年間のゴールが見えるこの時期は、子どもたちが自分の成長を自覚できるような具体的な活動を行います。できるようになった気持ちをもたせて締めくくり、次年度に送ります。

生活科の学習と関連させ、入学からの1年間をふり返り、「1年間でできるようになったこと」を発表し合う学習をおすすめします。

ここで心がけるのは、次のことです。

- 友だちの思いを聴き合うこと

- 1年間の成長を自覚させること

「初めての名前」と「今、書いた名前」を比べる

入学してすぐ、短冊に自分の名前を書かせ、参観日に掲示をしたことでしょう。

同じ枠のものに、もう一度自分の名前を書かせます。4月に書いたものと今の自分の書いたものを比べます。文字のたどたどしさや大きさ、形を見比べて、自分で成長を実感できます。成長を見つける、自分への勇気づけです。

できるようになったことを発表し合う

これまでに撮りためてきた写真を模造紙に貼り、「こんなことがあったね」「こんなことをがんばったね」とふり返ります。そのときの気持ちを

聞き、付箋紙に書かせて貼るなどして、出来事を確認し、思いを共有します。

　同じ行事でも自分はこう感じた、あの子はこう思ったのかという友だちとの共有や比較を同じ経験のうえでさせるのです。

　また、文字や漢字、計算、友だちが増えた、掃除、給食当番、日直、水泳、マラソン、縄跳び、スキーなど、これまではできなかったけれど、この1年でできるようになったこと、初めて挑戦したことなどがたくさんあります。それを自覚させ、自分で自分を肯定的に受け止めることができるようにします。

　1年をふり返った後、「この1年間で自分ができるようになったことを誰かに伝えよう」と投げかけます。子どもたちは、「お母さん」「保育園の先生」などと言うでしょう。発表の機会を学習参観日にし、保護者を招いてもよいです。成長した姿をおうちの人に見てもらいたいという子どもの気持ちが学習の大きな意欲づけにもなります。

　2月の末に発表会を企画しました。子どもたちに何を発表するのか決めさせたところ、音読や二重とび、あいさつ、大縄跳び、漢字などが出ました。

　ひらがなの指導後も、なかなかひらがなを書けるようにならず、読むこともたどたどしかったある子が「音読」を選びました。読めるようになったということが本当にうれしかったのだと思います。

　また、「とび箱」を選んだ子がいた際は、とび箱とマットを教室に運び入れて、見せることができるようにしました。

「さかあがり」などが出ると教室で実施することは難しいかもしれませんが、できる範囲で、子どもが自分の成長を実感し、認められることによって自覚できる場を設け、自信をつけて進級させたいと考えます。

発表の内容はできるようになったことですので、練習の時間はそれほど必要ではありません。発表の際は、どうしてそれができるようになったのか、コツや練習のポイントについて発表するように助言します。

そして、少し長めの原稿を書かせます。「紙を見ないで言えるといいね」と負荷をかけて発表させました。発表会を通して、子どもたちが堂々と発表した様子から自信を得たことがうかがえました。

また、自身の成長を感じると同時に、友だちのよさや成長を感じあえた時間でもありました。

友だちからの温かいメッセージで自己肯定感が上がり、次の学年でもがんばろうとする前向きな気持ちをもたせて1年を締めくくりたいと考えます。

加えて、成長について考えさせるため、絵本『おおきくなるっていうことは』（文：中川ひろたか・絵：村上康成、童心社）を読み聞かせることもおすすめです。

6年生へ感謝を伝える

3月の上旬には、児童会行事として6年生の卒業をお祝いする「6年生を送る会」「6年生ありがとう集会」などが行われる学校が多いでしょう。

この行事で、入学から今まで、6年生にお世話

になったことや「ありがとう」の気持ちを伝えたいことを話し合います。

1年生の子どもたちからは、次のようなことが出ました。

- 登校のとき、ゆっくり歩いてくれた。
- 転んだら「大丈夫？」って言ってくれた。
- したくを手伝ってくれた。
- 絵本や紙芝居を読んでくれた。
- 給食の盛りつけを手伝ってくれた。
- 一緒に遊んでくれた。
- 掃除のやり方を教えてくれた。

自分たちが入学してから、さまざまな場面で6年生に教えてもらったことや助けてもらったことを思い起こし、「ありがとう」の気持ちを伝える準備をします。

学校によっては、集会で学年ごとに発表する場合もあれば、飾り作りやお礼状書き、プレゼント渡しなど内容を分担して取り組む場合もあります。

同様に、4月に学校を案内してもらったり、一緒に活動したりすることが多かった2年生への「ありがとう」の気持ちを形にし、伝える活動も考えられます。

それらの取り組みを通して、自分たちはおうちの人をはじめ、まわりの人に助けてもらって成長しているということを自覚させます。そして、感謝の気持ちを伝えること、そして、次の1年生には自分たちも学校のことを教えてあげたいという意欲をもたせたいと考えます。

クラス会議で問題解決の経験を

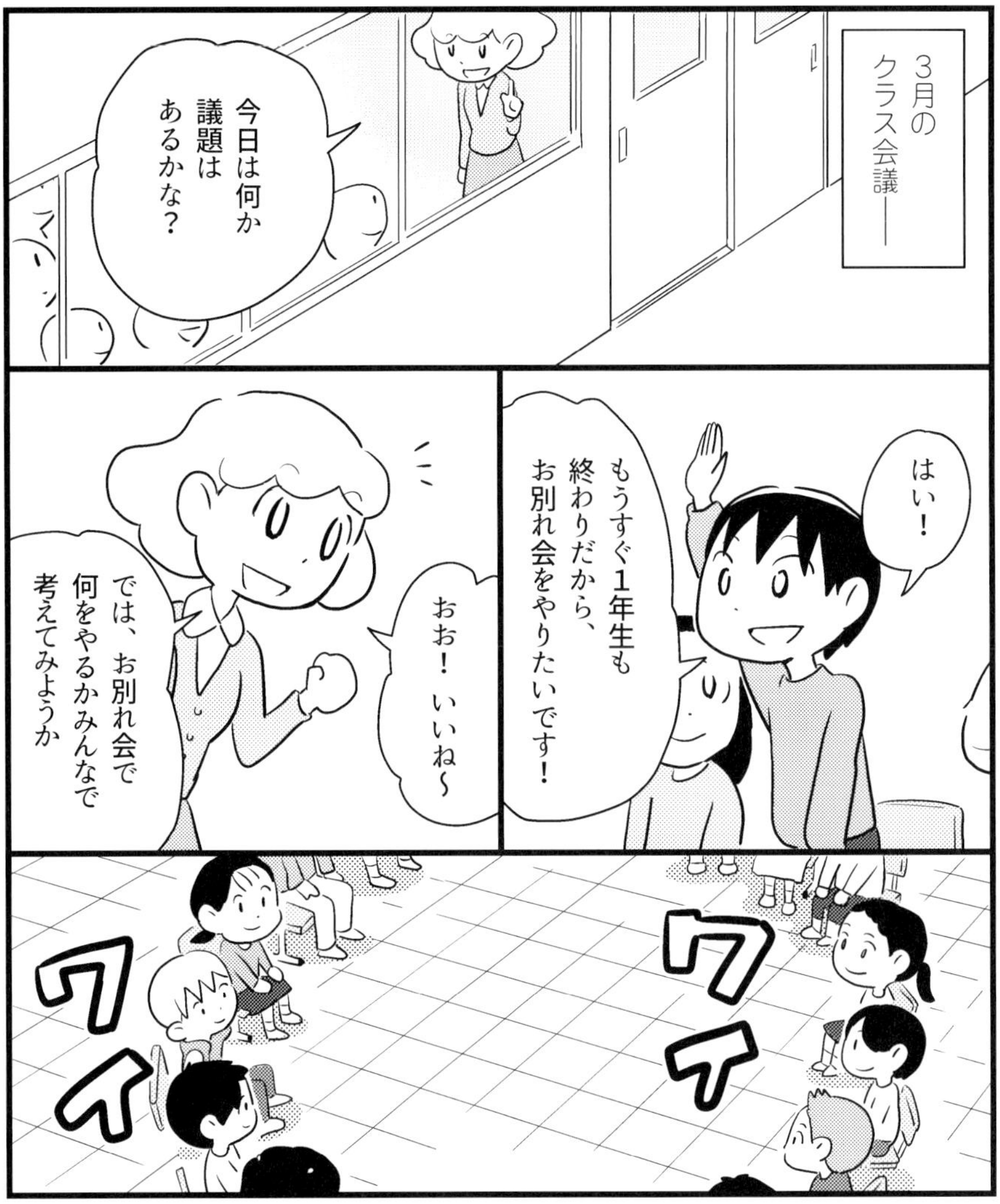

いよいよ自立を見据えるこの時期。自分たちの学級のことは自分たちで話し合って決める、課題に気づく素地を養う取り組みを行います。

自分たちで話し合い解決をめざす

前に述べた通り、クラス会議は毎日行うショートバージョンと、週に1回程度行うロングバージョンがあります。

やり方はシンプルで、大まかに言うと、前回の解決策をふり返り、今日の議題に対する解決策を出し、決定するのです。およそ次のように行っています。

①輪になる
②話し合いのルールの確認
③ハッピー・サンキュー・ナイス
④前回のふり返り
⑤議題の提案
⑥解決策を出し合う
⑦解決策を決める
⑧決まったことを発表

③の「ハッピー・サンキュー・ナイス」は、肯定的な感情を交換し合う公開勇気づけです。自分のことを言われた子も聴いている子も温かい気持ちになります。

これだけを行っている学級もあります。

みんなに発言の機会を与えることと平等性、話す人に注目させることから、ぬいぐるみを回し、持つ人が話すというシステムで実施します。聴くことが定着してきたら、使わなくしていきます。

普段、なかなか自分からは話さない子もいました。そのため、「考えても思い出せないときは『パスします』でいいよ」「友だちの言うのを聞いて同じことを思ったら、『○○さんと同じで、□□さん……してくれてありがとう』もいいよ」と付け加え、継続しました。

無理に話させるより、みんなで何かを決めることが楽しいという経験を積ませるためです。

はじめた当初はパスが続きました。しかし、実施していくと、何かしら言えるようになりました。

あるとき、みんなが言えて、それだけで「やった！」の声。「誰かの素敵なところ、ありがとうって思うことを見つけられることはすごいこと」と話し、みんなで喜び合いました。

回数を重ねるうちに、「遊んでくれてありがとう」が、「スキーで坂が滑れるようになってすごいね」「……さん、こぼしていないのに床をふいていたね」など、友だちのがんばりやよさに具体的に気づくような発言が増えていきました。

最初は担任が司会を行い、徐々に子どもに任せていきました（黒板書記は担任が行いました）。実態に応じ、様子を見ながら少しずつ任せていけばよいでしょう。たとえ一部でも任せることで、自分たちでできたという気持ちを味わえます。

私が子どもたちに考えてほしいことを投げかけ

る形で話し合い、徐々に子どもたちから何とかしたいことが出てきました。

- ・クラス会議の名前を決めよう。
- ・給食を時間内に食べ終わらない人がいる。どうしたらいい？
- ・ハムスターに名前をつけたい。
- ・もぐもぐタイムなのにしゃべる人がいる。どうしたらいい？
- ・給食当番のマグネットをかえてくれない。かえるのは誰？
- ・遊んでいるといじける人がいて困る。

議題はクラスのこともあれば、子どもたち個人のことでもかまわないとします。

子どもにとっては、内容以上に、輪になってみんなの顔を見ながら話したり聞いたりする行為自体が楽しいようです。

困ったことは相談できるシステムや雰囲気がある学級でありたいです。学習課題も含め、自分たちで考えて解決した経験がこれからの社会を生きるうえで必要だと考えるからです。

そのためには、友だちの話を聴く、悩みには解決策を考えて言う、友だちの気持ちを想像し、共感する力が必要です。

子どもたちの悩みは、大人からするとたいしたことではないと思うようなこともあります。しかし、子どもたちには、自分の真剣な悩みを出せる、みんなが聞いてくれ、話し合ってくれることがうれしいことなのです。

時には、話し合いがうまくいかないこともありました。たとえば、「もぐもぐタイムにしゃべる人がいる」という議題に対し、解決策が「気をつける」のように、本当にそれで大丈夫かなと思うものであったり、話し合いにあきているように見えたり……。それでも、みんなでその時間に決めたルールを生活のなかで守ろうとし、声をかける姿が見られるようになりました。

また、解決策を実施したからといって、すぐに問題が解決するということばかりではありません。

とくに「おしゃべりが多く、給食を時間内に食べることができない」ということについては、3度も議題に上がりました。決めた解決策を実施してみて、うまくいかなければ、また、話し合って考えればいいという試行錯誤する体験の過程で子どもたちは学んでいくのです。

「こうします」と担任が決める方が簡単な場合がたくさんあります。1年生ですから「先生が言ったから」と従ってくれます。

しかし、1年生のときから、少々時間をかけ、うまくいったりいかなかったりを経験しながら、自分たちなりの「解」を探す、そして試す……の積み重ねで子どもを「育てる」ことを意識していきます。必要なことは教え、試す。やがて子どもに委ねる部分を増やす。

子どもを信頼する、勇気づける教師のあり方が、自分たちで考える、決める学級をつくる素地になるのです。

【参考文献】

岩井俊憲『勇気づけの心理学』（金子書房）
赤坂真二『先生のためのアドラー心理学　勇気づけの学級づくり』（ほんの森出版）
原田綾子『アドラー式「言葉かけ」練習帳』（日本能率協会マネジメントセンター）
佐々木陽子『クラスがまとまる小学1年生学級づくりのコツ』（ナツメ社）
赤坂真二編『学級を最高のチームにする極意　最高のチームを育てる学級目標』（明治図書）
河村茂雄『学級づくりのためのQ-U入門』（図書文化）
赤坂真二『赤坂版「クラス会議」完全マニュアル』（ほんの森出版）
赤坂真二編『いま「クラス会議」がすごい！』（学陽書房）
八巻寛治『心ほぐしの学級ミニゲーム集』（小学館）
手塚郁恵『好ましい人間関係を育てるカウンセリング』（学事出版）
赤坂真二『友だちを「傷つけない言葉」の指導』（学陽書房）
赤坂真二編・近藤佳織『学級を最高のチームにする！365日の集団づくり1年』（明治図書）

著者・マンガ家紹介

近藤佳織　こんどう・かおり
1974年新潟県生まれ。上越教育大学教職大学院修了。新潟県公立小学校教諭。アドラー心理学を生かした勇気づけの学級づくりに日々奮闘中。共著に『学級を最高のチームにする！ 365日の集団づくり1年』『一人残らず笑顔にする学級開き 小学校～中学校の完全シナリオ』（以上、明治図書）、『いま「クラス会議」がすごい！』（学陽書房）などがある。

石山さやか　いしやま・さやか
1981年埼玉県生まれ、東京都在住。創形美術学校ビジュアルデザイン科イラストレーション専攻卒。都内の広告代理店で勤務後、2011年よりイラストレーターとしての活動を開始。2013年より漫画作品の制作も始める。単著に『サザンウィンドウ・サザンドア』（祥伝社）。「明日からできる速効マンガ」本シリーズは『6年生の学級づくり』に続き、2作目となる。

明日からできる**速効マンガ**
1年生の学級づくり

2017年4月1日　第1刷発行

著　者　近藤佳織
マンガ　石山さやか
発行者　伊藤　潔
発行所　株式会社 日本標準
〒167-0052　東京都杉並区南荻窪3-31-18
電話　03-3334-2630［編集］
03-3334-2620［営業］
http://www.nipponhyojun.co.jp/

表紙・編集協力・デザイン　株式会社 コッフェル
印刷・製本　株式会社 リーブルテック

＊乱丁・落丁の場合はお取り替えいたします。
＊定価はカバーに表示してあります。　ISBN 978-4-8208-0616-5